Anselm Grün

Worte, die uns tragen

Anselm Grün

Worte, die uns tragen

Die Weisheit des Glaubensbekenntnisses

Vier-Türme-Verlag

Bibliographische Information der Deutschen Nationalbibliothek
Die Deutsche Nationalbibliothek verzeichnet diese Publikation in der Deutschen Nationalbibliographie. Detaillierte bibliographische Daten sind im Internet über http://dnb.d-nb.de abrufbar.

FSC
www.fsc.org
MIX
Papier aus verantwortungsvollen Quellen
FSC® C014889

1. Auflage 2015

Lektorat: Marlene Fritsch
Covergestaltung: wunderlichundweigand, Stefan Weigand
Covermotiv: StevanZZ / shutterstock.com
Druck und Bindung: Pustet, Regensburg
ISBN 978-3-89680-952-0

www.vier-tuerme-verlag.de

INHALT

Das Nicänische Glaubensbekenntnis

Ich glaube an den einen Gott,
den Vater, den Allmächtigen,
der alles geschaffen hat,
Himmel und Erde,
die sichtbare und die unsichtbare Welt.

Und an den einen Herrn Jesus Christus,
Gottes eingeborenen Sohn,
aus dem Vater geboren vor aller Zeit.

Gott von Gott, Licht vom Licht,
wahrer Gott vom wahren Gott,
gezeugt nicht geschaffen,
eines Wesens mit dem Vater;
durch ihn ist alles geschaffen.

Für uns Menschen und zu unserem Heil
ist er vom Himmel gekommen,
hat Fleisch angenommen
durch den Heiligen Geist von der Jungfrau Maria
und ist Mensch geworden.

Er wurde für uns gekreuzigt unter Pontius Pilatus,
hat gelitten und ist begraben worden,
ist am dritten Tage auferstanden nach der Schrift
und aufgefahren in den Himmel.

Er sitzt zur Rechten des Vaters
und wird wiederkommen in Herrlichkeit,
zu richten die Lebenden und die Toten;
seiner Herrschaft wird kein Ende sein.

Ich glaube an den Heiligen Geist,
der Herr ist und lebendig macht,
der aus dem Vater und dem Sohn hervorgeht,
der mit dem Vater und dem Sohn angebetet
und verherrlicht wird,
der gesprochen hat durch die Propheten,
und die eine, heilige, katholische
und apostolische Kirche.

Ich bekenne die eine Taufe
zur Vergebung der Sünden.
Ich erwarte die Auferstehung der Toten
und das Leben der kommenden Welt.
Amen

Einleitung

Nach einer Talkshow im Fernsehen kam einer der Teilnehmer auf mich zu und sagte: »Was Sie gesagt haben, das hat mich tief berührt. Ich habe früher fest geglaubt. Ich war auch Ministrant. Aber jetzt kann ich nicht mehr an all das glauben, was uns die Kirche vorgibt: Jungfrauengeburt, Auferstehung, Himmelfahrt. Ich kann damit nichts anfangen. Ich glaube immer noch, dass es etwas Größeres gibt als uns Menschen. Ich möchte gerne glauben. Aber ich kann es einfach nicht.« Das Gespräch mit diesem jungen Mann hat mich sehr nachdenklich gemacht. Offensichtlich hatte er das Gefühl, dass er mit dem Aufsagen des Glaubensbekenntnisses, des Credo, wie er es früher als Ministrant in der Messe tat, alles Mögliche glauben müsse, das mit vernünftigem Denken nichts zu tun hat. Es kam ihm fremd vor.

So wie es diesem jungen Mann ergeht, empfinden heute viele Menschen. Wenn sie noch in den Gottesdienst gehen, können sie jedoch meistens mit den Worten des Credo nichts mehr anfangen. Sie sagen es zwar auf, weil es gerade dran ist. Aber sie verstehen nicht wirklich, was sie sprechen. Andere haben sich von der Kirche verabschiedet, weil ihnen ihre Lehren fremd geworden sind.

Die Begegnung mit solchen Menschen weckt in mir immer den Drang, ihnen die christliche Botschaft so zu erklären, dass sie davon berührt werden, dass sie verstehen: Das hat mit mir zu tun. Das sind nicht einfach verstaubte Worte, sondern sie sagen etwas über mich selbst aus. Und sie öffnen meinen Geist für das Geheimnis Gottes. Ich muss nicht wider meine Vernunft glauben. Vielmehr geht es darum, diese alten Worte so zu verstehen, dass ich darin einen Weg für mich selbst entdecke. Diese Worte sind Bilder. An Bilder muss ich nicht glauben. Sie sind eher wie Fenster, die mir den Blick auf eine andere Welt öffnen.

Ich möchte die Menschen, die suchen und die glauben wollen, in die Bilderwelt des Credo einführen, damit sie eine ganz neue Sicht auf ihr Leben gewinnen können. Und ich möchte sie ermutigen, dass sie sich ihres Glaubens vergewissern und wieder neue Standfestigkeit erlangen.

Dieser Drang, den Menschen von heute die christliche Botschaft in einer Sprache zu verkünden, die sie verstehen, hat mich dazu gebracht, einen allen vertrauten und altehrwürdigen Text des Glaubens so auszulegen, dass die Menschen in ihrer Sehnsucht nach Geheimnis, nach Spiritualität, nach Heilung, nach einem gelingenden Leben angesprochen werden. Viele wollen heute glauben und können nicht. Und wenn ich sie nach dem Glauben frage, wissen sie selbst nicht genau, was sie darunter verstehen. Es ist ein vager Glaube. Sie wollen sich nicht festlegen. Wenn ich jeden Sonntag in unserem Konventamt das lateinische Credo singe, denke ich oft an diese Menschen, die mir von ihren Glaubensproblemen erzählen. Und ich überlege mir dann: Wie könnte ich diese Worte den Menschen nahebringen, dass sie spüren: Das zeigt mir mein wahres Wesen. Das öffnet meinen Geist für das Geheimnis Gottes und für das Geheimnis des Menschen.

Manche denken beim Singen oder Aufsagen des Credo, dass sie sich an diese Worte binden müssen, dass sie ihren Verstand hinter sich lassen müssen, um daran zu glauben. Manche fragen sich auch: Warum muss man denn überhaupt seinen Glauben in solchen Sätzen ausdrücken? Genügt es nicht, an Gottes Liebe zu glauben? Warum so komplizierte Worte und Sätze, die aus einer anderen Zeit zu stammen scheinen?

Ich nehme die Fragen der Menschen ernst. Und auf dem Hintergrund ihrer Fragen meditiere ich dann das Credo. Zudem studiere ich das Werden dieses Textes. Ich frage mich: Was hat die frühen Christen dazu gebracht, ihren Glauben in Worten zum Ausdruck zu bringen, die für alle verbindlich sind? Ist Glaube nicht etwas rein Persönliches? Wird der Glaube nicht verfälscht, wenn ich vorgeformte Worte aufsage?

Ein Blick in die Geschichte zeigt mir, dass die Christen von Anfang an ihren Glauben bekannt haben. In Zeiten, da sie noch verfolgt wurden, haben die Märtyrer ihren Glauben vor den Staatsorganen bekannt und dafür ihr Leben aufs Spiel gesetzt. Manchmal genügte es, vor den Henkern zu bekennen: »Ich bin Christ.« Aber es war für sie auch ein Bedürfnis, das, was Christsein bedeutet, in einem klaren Bekenntnis zu formulieren, das sie mit allen anderen Christen verband. Sie fühlten sich dann getragen von der Gemeinschaft der Gläubigen.

Der ursprüngliche Ort für das Credo war der Gottesdienst, es wurde gesungen – ein Hymnus, in dem man seinen Glauben singend zum Ausdruck gebracht hat. Da ging es nicht um Rechtgläubigkeit, sondern um die Freude, Jesus Christus zu besingen als den, der eine neue Existenz geschenkt hat, der die Menschen herausgenommen hat aus der alten »sinnlosen, von den Vätern ererbten Lebensweise« (1 Petrus 1,18).

Rufin von Aquileia hat im Jahre 400 ein schönes Bild gebraucht für das Glaubensbekenntnis:

> [Es ist] kein Kampfesruf gegen den Feind, sondern ... die geheime Parole, an der sich gute Freunde wiedererkennen.
>
> VGL. STAATS 133

Wir sprechen oder singen das Credo, um uns gemeinsam unseres Glaubens zu erfreuen und uns miteinander verbunden zu fühlen in einem Glauben, den niemand ganz und gar erklären kann, der uns aber trotzdem zusammenhält. Gerade für den zweifelnden Menschen ist das ein tröstliches Bild. Ich kann die Worte noch nicht glauben oder verstehen. Aber ich fühle mich zugehörig zu all den Menschen, die einen tieferen Glauben haben als ich. Ich fühle mich von ihnen getragen und hoffe darauf, dass ich auch einmal so glauben kann wie sie.

Mein persönlicher Zugang zum Credo

Ich möchte in diesem Buch suchenden Menschen einen Zugang zum Credo eröffnen, ihnen Wege zeigen, wie sie ihren Glauben so verstehen können, dass ihr Leben dadurch erhellt wird. Zudem ist es mein Ziel, am konkreten Text des Glaubensbekenntnisses denen, die sich ihres Glaubens vergewissern wollen, einen Weg zu einem neuen Glaubensverständnis aufzuzeigen. Doch zuvor möchte ich kurz mein Verständnis von Theologie darstellen.

Als junger Theologe habe ich in Rom in Dogmatik promoviert. Wenn ich davon erzähle, können manche das gar nicht verstehen. Sie meinen, Dogmatik sei doch Besserwisserei oder sterile Rechthaberei. Doch meine Auseinandersetzung mit der Dogmatik hat mich zwei Dinge gelehrt:

Erstens: Dogmatik ist nicht Rechthaberei, sondern die Kunst, das Geheimnis offen zu halten. Die dogmatische Sprache kann Gott nicht festlegen und sie kann Gott auch nicht wirklich begreiflich machen. Aber sie legt Gott eben nicht fest, sondern gerade durch die manchmal paradoxen und scheinbar lebensfernen Worte schützt sie das Geheimnis des unbegreiflichen Gottes. Und diese Worte wahren die Heiligkeit Gottes. Sie entziehen ihn unserem Zugriff. Das Heilige ist das, worüber die Welt keine Macht hat. Die auf den ersten Blick oft unverständlichen Worte bewahren uns davor, Gott auf die reine Vernunft zu reduzieren. Die Worte sprechen durchaus unsere Vernunft an, denn das Credo ist, so wie es uns überliefert worden ist, das Ergebnis theologischer Auseinandersetzungen. Es zeugt von dem Versuch, den christlichen Glauben in seinen Anfängen in einen Dialog mit der Philosophie der Gebildeten zu bringen und den Glauben so zu formulieren, dass auch diese ihn akzeptieren und wertschätzen konnten. Ich möchte diesen Dialog fortsetzen, aber nicht mit der griechischen Philosophie, sondern mit unserem Denken, das heute von anderen Strömungen, vor allem aber auch von psychologischen Einsichten geprägt ist.

Zweitens: Die Aussagen des Credo möchten nicht nur das Geheimnis Gottes, sondern auch das Geheimnis des Menschen schützen. Sie schützen nicht nur die Heiligkeit Gottes, sondern das Heilige in uns. In uns ist ein heiliger Raum, in dem wir der Macht der Welt entzogen sind. Und dieses Heilige in uns ist immer auch das Heilende und Heilsame. Für die Griechen vermag allein das Heilige wirklich zu heilen. Wenn wir von Gott richtig sprechen, dann sprechen wir auch vom Menschen richtig.

Für uns sind die erbitterten theologischen Streitigkeiten, die der Formulierung des Credo vorangegangen sind, heute unverständlich. Aber die Theologen und Philosophen haben deshalb so ernsthaft um die richtigen Worte gerungen, weil sie auch richtig vom Menschen denken wollten. Die Worte des Credo wollen die Würde des Menschen schützen. Sie wollen ihn nicht reduzieren auf seine Nützlichkeit, sondern sein Geheimnis wahren.

Die dogmatischen Sätze sind immer auch heilsame Sätze. Sie wollen für den verwundeten Menschen Wege der Heilung aufzeigen, Wege der Verwandlung, der Ermutigung und Aufrichtung. Für mich ist es eine Herausforderung, die Aussagen des Credo, die in einer ganz bestimmten geschichtlichen Situation entstanden sind, so auszulegen, dass sie für mich persönlich – und ich hoffe auch für die Leser und Leserinnen – eine heilsame Wirkung haben, dass sie das Geheimnis meiner einmaligen Person schützen und mir Wege aufzeigen, wie mein Leben gelingen kann. Das ist aber nur möglich, wenn wir für die Bildhaftigkeit der Sprache Verständnis aufbringen. Wir brauchen einen neuen Zugang, um die Bilder zu verstehen, die den Worten des Credo zugrunde liegen.

Zur Geschichte des Glaubensbekenntnisses

Die frühe Kirche kannte immer schon Glaubensbekenntnisse. Spuren davon finden wir bereits in der Bibel. So schreibt Johannes in seinem ersten Brief:

> Jeder Geist, der bekennt, Jesus Christus sei im Fleisch gekommen, ist aus Gott. Und jeder Geist, der Jesus nicht bekennt, ist nicht aus Gott.
>
> 1 JOHANNES 4,2f

Paulus dagegen zitiert ein Glaubensbekenntnis, das er selbst von den Aposteln übernommen hat und das für die ersten Christen verbindlich war:

> Denn vor allem habe ich euch überliefert, was auch ich empfangen habe: Christus ist für unsere Sünden gestorben, gemäß der Schrift, und ist begraben worden. Er ist am dritten Tag auferweckt worden, gemäß der Schrift, und erschien dem Kephas, dann den Zwölf.
>
> 1 KORINTHER 15,3–5

Paulus setzt feste Sätze des Glaubens voraus. Theologie versteht er dann als Auslegung dieser von allen geglaubten und immer wieder rezitierten Sätze.

Eines der ältesten Glaubensbekenntnisse ist das sogenannte Apostolische Glaubensbekenntnis. Es stammt vermutlich schon aus dem 2. Jahrhundert und ist vermutlich in Rom entstanden. Es wird heute oft in deutschen Messen gesprochen. Auch die evangelische Kirche hat vor allem dieses Glaubensbekenntnis in ihre Liturgie aufgenommen. Nur bei größeren Festen betet sie das sogenannte Nicänische Glaubensbekenntnis, das wir an jedem Sonntag und Festtag in seiner lateinischen Fassung singen. Es ist beim Konzil von Nicäa im Jahr 325 festgelegt und dann auf dem Konzil von Konstantinopel im Jahr 381 ergänzt und in die heutige Form gebracht worden. In der Ostkirche ist es im Anschluss daran als das allgemeine Glaubensbekenntnis angenommen worden. Im Westen hat man sich lange geweigert, dieses neue Glaubensbekenntnis in die Liturgie aufzunehmen. Erst im Jahr 589 hat das Konzil von Toledo verfügt, das sogenannte Nicänum in jeder Eucharistiefeier vor dem Vaterunser zu beten. In Rom selbst ist es vermutlich erst im 8. Jahrhundert eingeführt worden.

Das Nicänische Glaubensbekenntnis ist als Antwort auf die damaligen Irrlehren entstanden, vor allem als Antwort auf die Ansichten des Arius, der Jesus als Geschöpf Gottes und nicht als Gott gesehen hat, aber auch gegen falsche Lehren über den Heiligen Geist. Es hat also eine mehr theologische Sprache, die uns heute eher fremd ist. Aber gerade deshalb ist es für mich eine Herausforderung, diese so zu übersetzen, dass sie uns heute anspricht.

Das Nicänische Glaubensbekenntnis ist in den letzten Jahren zudem zur Grundlage der ökumenischen Diskussion geworden. Alle Kirchen des Ostens und des Westens – ob katholisch, lutherisch oder reformiert – haben sich auf diesen Text als gemeinsames Bekenntnis ihres Glaubens geeinigt. Daher dient die Meditation dieses Textes auch der Ökumene zwischen den verschiedenen Konfessionen.

Die dogmatischen Streitigkeiten, auf die das Nicänum eine Antwort geben möchte, sind heute für uns nicht mehr interessant. Die Kirchengeschichte klärt uns darüber auf, dass es bei theologischen Dissensen immer auch politische Einflüsse und Interessen gab. Schon damals wurde die Menschlichkeit und auch Sündigkeit der Kirche sichtbar. Trotzdem glaube ich an das Wirken des Heiligen Geistes, der uns durch diese Formulierungen Worte an die Hand gibt, die auch heute noch für unseren Glauben heilsam sind. Sie schützen unser Bild von Gott, von Jesus und vom Heiligen Geist. Sie sprechen daher auch vom Menschen so, dass es seinem wahren Wesen entspricht und für ihn und seinen Weg der Menschwerdung hilfreich ist.

Dabei ist mir bewusst, dass ich nicht den ganzen Reichtum des Credo erschließen kann, dass meine Art, die Worte zu verstehen, nur *eine* mögliche Sichtweise ist. Wer die theologische Bedeutung des Credo noch tiefer erfassen möchte, den verweise ich auf das für mich immer noch aktuelle Buch von Joseph Ratzinger, das er als junger Theologe im Jahr 1968 veröffentlicht hat: *Einführung in das Christentum. Vorlesungen über das Apostolische Glaubensbekenntnis*. Wer das Credo im Dialog mit anderen Religionen verstehen will, der wird in dem Buch *Credo. Ein Glaube, der alle verbindet* von David Steindl-Rast aus dem Jahr 2010 gute Anregungen finden. Beide haben das Apostolische Glaubensbekenntnis ausgelegt. Eine spirituelle Auslegung des Nicänums habe ich in der Literatur noch nicht gefunden.

Mein Ansatz ist beschränkter als der theologische von Joseph Ratzinger und der ökumenische von David Steindl-Rast, der das Credo so auslegt, dass nicht nur Christen, sondern auch Andersgläubige es akzeptieren können. Ich bleibe in meiner Erklärung im christlichen Rahmen. Doch ich möchte das christliche Bekenntnis so auslegen, dass alle spirituell suchenden Menschen, vor allem aber die, die sich ihrer christlichen Wurzeln wieder vergewissern möchten, die Worte des Credo verstehen und für sich als heilsam erfahren können. Dabei möchte ich kurz die theologische Sicht auf das Glaubensbekenntnis darlegen, und zwar in dem Bewusstsein, dass die Worte, die wir bekennen, das Geheimnis Gottes und des Menschen offen halten. Und dann ist es mir wichtig, was diese Worte für mich als Mensch auf meinem Weg der Selbstwerdung bedeuten. Grundlegend ist für mich in dieser Hinsicht der Gedanke des Schweizer Therapeuten Carl Gustav Jung, dass Gott das stärkste archetypische Bild ist. Und wenn dieses Bild krank ist, wird der ganze Mensch krank. Wenn wir angemessen über Gott sprechen, dann ist das auch heilsam für den Menschen. Das wahre Gottesbild führt zur gelingenden Menschwerdung.

Wir singen im Kloster an jedem Sonntag und Festtag das lateinische Credo, so wie es die beiden Konzile von Nicäa und Konstantinopel festgelegt haben. Ich frage mich dann jedes Mal: Was singe ich da eigentlich? Und was hat das mit mir zu tun? Wie weit sind diese Worte für meinen Glauben wichtig? Und inwieweit helfen sie mir, meinen Weg der Menschwerdung besser zu verstehen?

Ich habe nicht den Anspruch, das Credo in seiner ganzen Tiefe auszulegen. Ich möchte nur aufzeigen, dass alle Glaubenssätze immer auch etwas mit uns zu tun haben. Ich möchte verstehen, was ich singe. Mein Glaube sagt mir, dass die Worte des Credo nicht meinem Verstand widersprechen. Ich muss nicht einfach hinnehmen, was ich bekenne.

Es ist meine Aufgabe, das, was ich glaube, auch zu verstehen. Das hat mich mein Namenspatron, der heilige Anselm von Canterbury, gelehrt, wenn er seine Theologie mit dem Wort begründet: *fides quaerens intellectum – der Glaube, der nach Einsicht sucht.* Ich glaube, aber ich möchte auch einsehen, verstehen, mit meiner Vernunft erfassen, was ich glaube.

Dieses Buch möchte Ihnen, liebe Leserin, lieber Leser, helfen zu verstehen, was Sie im Credo bekennen. Und es möchte Sie einladen, das Credo künftig mit einer neuen »Brille« zu lesen. Doch sollten Sie dann nicht stehen bleiben bei dem, was ich selbst zu den einzelnen Worten sage. Trauen Sie vielmehr Ihrer eigenen Weisheit, den Bildern, die in Ihnen auftauchen, wenn Sie diese Worte bekennen. Und legen Sie sich nie fest. Es geht nie darum zu sagen: Dieses Wort bedeutet genau das oder jenes. Entscheidend ist, dass wir immer auf dem Weg zum Geheimnis bleiben, das uns hier auf Erden nie ganz aufgehen wird, sondern erst in seinem unverstellten Glanz aufleuchten wird, wenn wir Gott von Angesicht zu Angesicht schauen.

Ich glaube

Schon mit diesen ersten Worten tun sich manche Menschen schwer. Glauben – so sagen sie – heißt: nicht wissen. Doch das ist ein oberflächlicher Begriff des Glaubens. Glauben heißt nicht, irgendwelche Dinge oder Sätze für wahr zu halten. Wenn ich in die Bibel schaue, gibt es für mich drei Bilder, die für den Glauben wesentlich sind.

Das erste Bild findet sich bei Jesaja, die Einheitsübersetzung und Martin Luther geben die Stelle so wieder:

> Glaubt ihr nicht, so bleibt ihr nicht.
>
> JESAJA 7,9

Joseph Ratzinger übersetzt diesen Vers so:

> Wenn ihr nicht glaubt (wenn ihr euch nicht an Jahwe festhaltet), dann werdet ihr keinen Halt haben.
>
> RATZINGER, EINFÜHRUNG IN DAS CHRISTENTUM, 43

Glauben heißt also: einen festen Stand haben. So hat es auch der Hebräerbrief verstanden:

> Glaube aber ist: feststehen in dem, was man erhofft.
>
> HEBRÄER 11,1

Glauben hat also mit Feststehen zu tun. Im Glauben finde ich Halt in etwas, das größer ist als ich selbst. Ich finde Halt in Gott.

Dieses erste Bild hängt eng mit dem zweiten Bild zusammen: Glauben ist Vertrauen. Wir beten im Credo nicht »ich glaube, dass ...«, sondern »ich glaube an ...«. Also ist schon das Vertrauen mitgedacht: Ich traue Gott. Ich vertraue darauf, dass er mich führt, dass er bei mir ist, dass er mir Schutz gewährt. Und ich traue Gott zu, dass er es gut mit mir meint. In diesem Sinn gebraucht Jesus selbst das Wort »glauben«, vor allem im Markusevangelium: Als die Jünger in ihrem Boot vom Gegenwind bedrängt werden, kommt Jesus über das Wasser zu ihnen. Sie bekommen Angst, er sei ein Gespenst. Da sagt Jesus zu ihnen:

> Habt Vertrauen, ich bin es; fürchtet euch nicht!
>
> MARKUS 6,50

Glauben heißt also vertrauen, dass ich nie allein bin, dass Jesus selbst in Angst auslösenden und bedrängenden Situationen bei mir ist. Ich darf vertrauen, dass er mich nicht allein lässt, dass er mir die Hand reicht und mir dann wieder festen Stand schenkt. So hat es Petrus erfahren, als er auf die Aufforderung Jesu, Vertrauen zu haben, aus dem Boot stieg und selbst über das Wasser gehen konnte. Doch sobald er auf den heftigen Wind und die Wellen schaute, ging er unter. Er hatte nur festen Halt, solange er Jesus vertraute (vgl. Matthäus 14,22–33).

Das dritte Bild in Bezug auf den Glauben begegnet mir im Johannesevangelium. Dort bedeutet zu glauben eine neue Weise des Sehens. An Jesus glauben heißt für Johannes: in diesem Menschen

Gott schauen, in seiner menschlichen Schwachheit die göttliche Herrlichkeit schauen, im Scheitern des Kreuzes den Sieg der Liebe schauen. Es ist ein tieferes Schauen. Johannes gebraucht verschiedene Worte dafür. Ich möchte nur zwei betrachten:

Zunächst *emplepo*, was so viel heißt wie *in jemanden hineinschauen, den Grund im anderen schauen*. Dieses Wort verwendet Johannes, wenn er von Johannes dem Täufer sagt, dass er Jesus sah und in ihm das Lamm erkannte, das die Sünde der Welt hinwegträgt. Und er wählt das gleiche Wort, wenn er davon erzählt, dass Jesus in Petrus hineinsieht und in ihm trotz all seiner Schwächen den Fels erkennt, sein wahres Wesen.

Das andere Wort ist *theastai*. Es hat die gleiche Wurzel wie das Wort *theos*, Gott. Das wahre Schauen sieht in allem, was wir betrachten, letztlich Gott als den eigentlichen Grund allen Seins. Ich schaue in der Schönheit der Schöpfung die Schönheit Gottes. Ich schaue auf den Menschen Jesus und erkenne in ihm, dass mir Gott selbst in ihm begegnet. Jesus sagt zu Philippus:

> Wer mich gesehen hat, hat den Vater gesehen.
>
> JOHANNES 14,9

Allerdings ist diese neue Sicht des Glaubens immer auch von Zweifeln bedroht. Im Johannesevangelium finden sich viele Dialoge, in denen Menschen in Jesu Umgebung mit anderen sprechen und dabei an ihm zweifeln. In Wirklichkeit sind diese Dialoge so etwas wie Selbstgespräche, Widerstreitendes in uns, das uns zweifeln lässt. Wir sehnen uns danach zu glauben. Aber wir sind immer auch Zweifelnde. In uns ist immer zugleich Glaube und Unglaube. Und wir werden den Glauben nie als Besitz festhalten können. Wir müssen uns immer wieder zum Glauben durchringen. Wir sehen auf unsere Welt und möchten manchmal an uns selbst verzweifeln: Terroranschläge, Kriege, Umweltzerstörung und vieles mehr. Glauben heißt: uns selbst und die Menschen um uns realistisch zu sehen und trotzdem an den göttlichen Kern in ihnen zu glauben, in ihnen das Gute zu sehen, das uns oft genug verborgen ist.

Was bedeuten nun diese drei Bilder des Glaubens für unser Glaubensbekenntnis? Was haben das Feststehen, das Vertrauen und die neue Weise des Schauens mit den vorformulierten Worten des Credo zu tun? Dreimal heißt es dort: *credo in, ich glaube an*. Dieses dreimalige *an* zeigt uns den Grund, auf dem wir stehen. Wir glauben an Gott, an Jesus Christus und an den Heiligen Geist. Der dreifaltige Gott ist der Grund, auf dem wir stehen.

Indem wir den Glauben bekennen, vergewissern wir uns des Vertrauens, das der Glaube uns schenkt. Wir müssen nicht irgendwelche Sätze für wahr halten. Wir vergewissern uns vielmehr, dass unser Vertrauen einen Grund hat. Und indem wir das Glaubensbekenntnis sprechen oder singen, versuchen wir unseren Glauben, unser Vertrauen zu stärken. Wir drücken unsere Zugehörigkeit zu Gott, zu Jesus Christus und zum Heiligen Geist aus. Und wir legen mit diesen Worten auch ein Bekenntnis ab: Mitten in einer Welt, in der alles gleich gültig ist, bekennen wir uns zu einer ganz bestimmten Weise des Glaubens. Wir bekennen mitten in einer immer gottloser werdenden Welt, dass wir unsere Hoffnung auf Gott setzen.

Indem wir unseren Glauben bekennen, üben wir uns ein in eine neue Sichtweise unseres Lebens. Wir verstehen nicht bei jedem Wort sofort, was es bedeutet und wie wir uns durch diese Worte selbst neu sehen und verstehen können. Aber wir bekennen darin, dass es noch eine andere Sichtweise auf uns und die Welt und das Leben gibt als die, die uns von den Medien aufgedrängt wird. Wir hoffen, in diesen Worten eine andere Sichtweise zu erlernen.

Noch ein anderes Bild möchte ich für das Glaubensbekenntnis heranziehen. Der evangelische Theologe Fulbert Steffensky spricht davon, dass die alten Texte der Bibel und der kirchlichen Tradition wie ein schützender Mantel sind, den wir uns anziehen. So ziehen wir im Credo gleichsam einen schützenden und wärmenden Mantel an, der uns mitten in einer immer kälter werdenden Welt einen Schutzraum schenkt. Er schützt uns gegen die Zweifel, die uns von außen entgegenkommen. Er will aber die Zweifel, die in uns selbst immer wieder auftauchen, nicht zurückdrängen. Wir können nicht mit voller innerer Gewissheit das Credo sprechen. Wir sprechen es immer angesichts unserer eigenen Zweifel. Der Zweifel gehört wesentlich zum Glauben. Und es ist gut, wenn wir beim Sprechen des Credo auch unsere Zweifel wahrnehmen. Aber indem ich den Zweifel in mir ernst nehme, entscheide ich mich immer wieder für den Glauben. Und dann ahne ich, dass der Glaube ein solch schützender Mantel für mich sein kann.

Ich glaube an den einen Gott

Wenn wir bekennen, dass wir an den einen Gott glauben, dann wollen wir uns nicht über andere Religionen oder andere Gläubige erheben. Wir sagen vielmehr, dass es nur einen einzigen Gott gibt. Die jeweils verschiedenen Religionen haben unterschiedliche Bilder von Gott. Aber der, der hinter allen Bildern steht, ist nur ein einziger. Er ist der Gott für alle Menschen. Wir alle sind unterwegs zu ihm. Doch bevor wir das Geheimnis des *einen* Gottes meditieren, müssen wir uns erst einmal vergewissern, was es heißt, an Gott zu glauben.

Ich höre immer wieder von Menschen, denen ich begegne: »Ich kann nicht an Gott glauben. Ich glaube, dass es etwas Höheres gibt. Aber an Gott und an all das, was die Kirche von Gott lehrt, an all die Aussagen des Credo kann ich nicht glauben.« Ich frage dann immer: »An welchen Gott kannst du nicht glauben?« Denn hinter der Leugnung Gottes steht oft ein ganz bestimmtes Bild von ihm, das man ablehnt. Häufig ist es ein zu konkretes Bild, zum Beispiel das eines Gottes, der im Himmel sieht, was die Menschen tun, der sie bestraft, wenn sie sündigen, und der erwartet, dass sie ihn um seine Hilfe bitten. Es ist ein kindliches Bild, das diese Menschen mit Gott verbinden und das sie vielleicht auch deshalb ablehnen. Andere wenden sich gegen das Bild eines personalen Gottes. Sie können an ihn höchstens als Energie, als Kraftfeld, als Kraft des Universums glauben. Gott ist sicher auch Energie und Liebe, eine unbegreifliche Kraft, die alles durchdringt. Daher hat diese apersonale Sicht Gottes auch ihre Berechtigung. Manchmal erleben wir Gott eben nur als eine Energie oder aber als reines Sein. Wenn wir Gott jedoch nur auf dieses Apersonale festlegen, dann wird der Glaube zu einer reinen Theorie über die Welt. Doch Glauben ist mehr als das. Glauben heißt nicht: für wahr halten, sondern sich anvertrauen. Einer Energie oder der Kraft des Universums kann ich mich nicht anvertrauen, mich nicht übergeben. So steckt in diesem ersten Satz »Ich glaube an den einen Gott« schon eine Herausforderung: Kann ich hinter all dem Unbekannten, hinter all den apersonalen Begriffen von Gott, hinter dem Unbegreiflichen ein Du sehen, dem ich mich übergebe, dem ich vertraue, an das ich glaube? Glaube ist nie Gewissheit, sondern immer ein Wagnis. Und jeder, der glaubt, weiß auch um den Unglauben in sich selbst. Der Unglaube zwingt ihn, seinen Glauben immer wieder zu hinterfragen und sich bewusst zu werden, was es bedeutet, an Gott zu glauben.

Ich kenne die Argumente des Atheismus, dass unser Glaube nur Einbildung sei, dass wir Menschen uns einen Gott geschaffen hätten, damit wir mit unserer Einsamkeit und Unzufriedenheit hier auf Erden besser zurechtkämen. Wenn solche Argumente in mir als Zweifel an Gott hochkommen, dann versuche ich, diese zu Ende zu denken: Ja, alles ist nur Einbildung. Wir Menschen können gar nichts erkennen. Wir machen uns nur etwas vor, um in dieser Welt einigermaßen leben zu können. Doch wenn ich an diesem Punkt angelangt bin, kommt in mir ein Gefühl auf, das mir sagt: So absurd kann die Welt nicht sein. Denn dann könnten wir wirklich nichts mehr erkennen und niemandem und nichts mehr trauen. Dann entscheide ich mich für den Glauben. Ich traue der Bibel. Ich traue einem Augustinus, einer Teresa von Ávila, ich traue Edith Stein, die durch alle moderne Philosophie hindurch zum Glauben gefunden hat. Ich setze auf die Karte des Glaubens, nicht, um meinen Verstand auszuschalten, sondern vielmehr, um ihn ganz und gar einsetzen zu können. Ich kann das Motto meines Namenspatrons Anselm von Canterbury, *fides quaerens intellectum,* dann auch so übersetzen: *Mein Glaube sucht den Verstand.* Mein Glaube ermöglicht es meinem Verstand, bis an seine Grenzen zu gehen. Mein Verstand tappt nicht im Dunkeln, sondern kann im Licht des Glaubens den Weg finden, der meinem Wesen als Mensch entspricht.

Der Glaube ist für mich auch etwas Heilsames. Er entlastet mich von den Grübeleien darüber, ob ich alles richtig gemacht, ob ich die richtigen Entscheidungen getroffen und ob ich im Gespräch die richtigen Worte gefunden habe. Ich vertraue mich mit dem, was ich getan habe, Gott an und vertraue darauf, dass er alles segnet. Glaube heißt für mich: Ich fühle mich bedingungslos angenommen von Gott. Ich muss meine Daseinsberechtigung nicht durch Leistung erarbeiten. Ich bin in meinem Wesen von Gott angenommen. Der Glaube gibt mir das Grundgefühl: Es lohnt sich zu leben. Ich vertraue Gott, ich vertraue dem Leben, ich sage Ja zu meinem Leben.

Erst wenn ich mir darüber klar geworden bin, was es bedeutet, dass ich glaube, kann ich die Aussage bedenken: Ich glaube an den *einen Gott.* Das hat für mich verschiedene Aspekte. Wenn wir die geschichtliche Situation bedenken, in der das Credo entstanden ist, so ist das Bekenntnis zum einen Gott vor allem eine Absage an die Gnosis, eine mächtige geistliche Strömung, die im zweiten und dritten Jahrhundert den christlichen Glauben beinahe absorbiert und damit von innen ausgehöhlt hätte. Die Gnosis, was wörtlich übersetzt so viel wie »Erkenntnis« bedeutet, unterschied zwischen Gott als Schöpfer und Gott als Erlöser. Das Credo dagegen betont in dem Satz: »Ich glaube an den einen Gott« die Sicht, Gott sowohl als Schöpfer als auch als Erlöser zu verstehen. Es ist derselbe Gott, der die Welt auf den Menschen hin geschaffen hat und ihn dann, als er sich durch die Sünden von seinem Wesen entfremdet hatte, wieder zu sich und seiner Ganzheit führen wollte. Heute gibt es Theologen, die eine Schöpfungs- und Erlösungstheologie unterscheiden. Das Credo sieht beide Aspekte zusammen. Die Schöpfung ist schon für den Menschen geschaffen. Sie ist eine Wohltat für ihn, ein Raum, in dem er gesund werden kann, wenn er sich auf die Schöpfung einlässt. Aber Gott ist auch immer schon der, der das Heil und die Heilung des Menschen will.

An den einen Gott zu glauben, bedeutet für mich aber auch: die anderen Menschen im Blick zu haben. Er ist der eine Gott für alle. Alle schauen zu diesem einen und einzigen Gott auf, auch wenn sie verschiedene Bilder von ihm haben. Im Glauben an den einen Gott schwingt daher die Hoffnung mit, dass die Menschen, die auf den einen Gott schauen, sich auch untereinander einen, dass sie sich gemeinsam auf den Weg zu diesem einen Gott machen, auch wenn ihre Traditionen verschieden sind. Die vielen Wege führen alle zu dem einen Gott, der die Menschheit eint.

Ein weiterer Aspekt dieses Bekenntnisses ist, dass es uns davor bewahren will, dass wir in unserem Leben viele Götter nebeneinander haben. Damit meine ich jetzt nicht verschiedene Gottheiten, wie sie zum Beispiel der Hinduismus kennt, sondern vielmehr, dass man neben Gott nicht andere Götter in sich trägt wie den Gott des Geldes, den Gott des Erfolges, den Gott des Ruhmes. Nur wenn der eine Gott für mich auch der einzige Gott ist, gelingt mein Leben. Die Götzen des Geldes und des Erfolges tun mir nicht gut. Sie versklaven mich. Sie sind Götter, die mich innerlich zerreißen.

So führt das Bekenntnis zum einen Gott noch auf einen anderen Weg: den der eigenen Ganzwerdung. Wenn ich nur an einen Gott glaube, dann eint das mich auch innerlich. Ich werde eins mit mir. Viele Götzen zerreißen mich innerlich. Jesus selbst sagt:

> Kein Sklave kann zwei Herren dienen; er wird entweder den einen hassen und den andern lieben, oder er wird zu dem einen halten und den anderen verachten. Ihr könnt nicht beiden dienen, Gott und dem Mammon.
>
> LUKAS 16,13

Vielen Götzen zu dienen entzweit uns innerlich. Wir sind hin und her gerissen zwischen ihnen, weil wir ihnen allen Respekt zollen wollen. Der eine Gott, der für mich im Mittelpunkt steht, bringt dagegen auch mich selbst in die Mitte. Indem ich auf den einen Gott schaue, werde ich eins mit mir selbst. Der eine Gott zentriert mich, er bringt mich in Berührung mit meiner innersten Mitte, mit meinem innersten Wesen.

Wolfgang Amadeus Mozart hat das Credo einige Male vertont. Wenn wir diese Musik hören, erkennen wir, welche Theologie dahintersteht. Bei der »Krönungsmesse« beispielsweise schließt Mozart das Credo ab, indem er den Chor noch einmal singen lässt: *Credo in unum Deum, ich glaube an den einen Gott*. Damit will er sagen: Alle Aussagen des Credo gipfeln in dieser einen. Es ist der eine Gott, der uns eins macht. Und indem wir die vielen Aspekte Gottes besingen, wenn wir das Geheimnis des dreifaltigen Gottes bekennen, sollen wir in Einklang kommen mit uns selbst, sollen wir unseren Gesang in die eine Aussage ausklingen lassen: Ich glaube an den einen Gott.

Ich glaube an den allmächtigen Vater, der alles geschaffen hat, Himmel und Erde, die sichtbare und die unsichtbare Welt

Wenn manche Menschen von Gott als dem Vater hören, dann fühlen sie sich sofort an ihre negativen eigenen Erfahrungen erinnert. Sie tun sich schwer mit dem Bild Gottes als Vater, noch dazu als allmächtiger Vater. Es ist für sie negativ besetzt, weil sie an die Verletzungen und Enttäuschungen denken, die sie durch ihren Vater erfahren haben.

C. G. Jung meint dazu: Wir machen einerseits unsere konkreten Erfahrungen. Da erleben wir manchmal den Vater als verletzend, als schwach. Er stärkt uns nicht den Rücken, wie er es eigentlich sollte. Er lässt uns allein und entwertet uns. Dieses negative Vaterbild verstellt uns oft den Blick auf Gott als Vater. Wir sehen ihn dann genauso als willkürlichen, verletzenden, kontrollierenden und oft genug kleinkarierten Vater. Doch neben dieser konkreten Erfahrung hat jeder in sich ein archetypisches Bild des Vaters. Und das ist heilsam.

Wir wissen in unserer Seele, wie das Idealbild eines Vaters aussieht. Mit diesem archetypischen Bild in unserer Seele sollen wir in Berührung kommen, wenn wir von Gott als dem Vater sprechen: Gott stärkt uns wie ein guter Vater den Rücken. Er nimmt uns bedingungslos an. Er vermittelt uns die väterliche Energie, die wir brauchen, um unser Leben in die Hand zu nehmen. Gott als Vater kann unsere Wunden heilen, die uns unser leiblicher Vater vielleicht beigebracht hat. Der Glaube an Gott als Vater verweist uns auf die Botschaft Jesu, der ihn uns als den gezeigt hat, der sich um uns kümmert, der immer schon in einer liebenden Beziehung zu uns steht.

Vater ist ein Beziehungsbegriff. Als Vater liebt uns Gott, sorgt er für uns, stärkt uns den Rücken, schützt und behütet uns. Gott als Vater erfüllt alle unsere Sehnsüchte, die wir auf den menschlichen Vater richten, die aber kein Mensch zu stillen vermag. Wenn wir von Gott als Vater sprechen, meinen wir jedoch immer auch das Bild der Mutter mit. Gott ist väterlich und mütterlich zugleich. Er fordert uns heraus, aber er schenkt uns auch Geborgenheit und Heimat.

Genauso zwiespältig wie das Wort »Vater« wirkt auch der Ausdruck »allmächtig«. Denn wenn Gott ein guter Vater ist und allmächtig ist, warum hilft er mir dann nicht? Warum lässt er mich leiden? Warum rettet er das Kind nicht vor seinem Mörder und lässt es sterben? Ein Vater lässt seine Kinder nicht im Stich. Und wenn er allmächtig ist, dann muss er sie schützen, weil er das offensichtlich kann.

Doch wenn wir so argumentieren, bleiben wir in unseren allzu menschlichen Bildern von Gott stecken. Als der Wortlaut des Glaubensbekenntnisses festgelegt wurde und Gott den »allmächtigen Vater« nannte, war das als eine wirklich frohe Botschaft gedacht: Gott herrscht über alles. Es gibt nichts, was nicht in seiner Hand ist. Das gilt vor allem auch – und das war das Neue und Wichtige daran – für das Böse.

Der Glaube an den allmächtigen Gott nimmt uns Menschen die Angst vor dem Bösen und vor dem Teufel. Er hat keine Macht über uns. Wir stehen in Gottes Macht. Seine Herrschaft erstreckt sich auch – wie Cyrill von Jerusalem sagt – über Gold und Silber. Manche meinen, der Reichtum wäre des Teufels. Daher müsse sich der Mensch davor hüten. Doch wenn alles Gott gehört, dann geht es nicht darum, diese Dinge zu verachten, sondern vielmehr darum, alles richtig zu gebrauchen. Daher ist es eine Botschaft, die die Angst von den Menschen nehmen will, wenn das Credo vom »allmächtigen« Gott spricht.

Für mich hat der Glaube an den allmächtigen Gott zudem existenziellen Charakter. Wenn wir unseren Glauben bekennen, dann tun wir das aus der Hoffnung heraus, dass Gott sich an uns und an den Menschen, die uns am Herzen liegen, als Vater und als mächtig erweisen möge. Wir drücken in diesen Worten unsere Hoffnung aus, dass Gott als Vater auf uns sieht, auch wenn wir in manchen Zeiten unseres Lebens den Eindruck haben, dass er uns übersieht. Wir sprechen uns im Glaubensbekenntnis in die Hoffnung hinein, dass Gott das Wunder der Heilung und Verwandlung an uns und an den uns anvertrauten Menschen wirken wird. Und wir bekennen, dass Gott mächtiger ist als alle Herrscher dieser Erde, als alle Mächtigen, die sich oft so brutal auf dieser Welt gebärden.

Die Macht Gottes zeigt sich darin, dass er Himmel und Erde geschaffen hat, alles Sichtbare und Unsichtbare. In diesem Satz drückt sich der Optimismus der griechischen Kirchenväter aus, denen diese Formulierung wichtig war: Gott hat die Welt gut und schön gemacht. Dem Menschen tut es gut, sich an der Schönheit der Welt zu erfreuen. In ihr begegnet er Gott, dem Urschönen. Wenn das Credo von der sichtbaren und unsichtbaren Welt spricht, dann meint das, dass auch die Engel von Gott geschaffen sind. In den Engeln begleitet uns Gott, tröstet und schützt er uns. Wir brauchen also keine Angst vor unsichtbaren bösen Mächten zu haben. Gott hat die Welt gut und schön geschaffen. In ihr begegnet der Mensch dem Segen Gottes, dem Gott, der es gut mit ihm meint. Diese Güte Gottes, die sich in der Schöpfung ausdrückt, gipfelt in seinem Sohn Jesus Christus. In ihm vollendet sich das Geschenk Gottes an die Menschen, das er ihnen schon in seiner Schöpfung gewährt hat. Mozart hat diese Worte immer in fröhliche Melodien gekleidet. Da wird seine Lebensfreude hörbar, die Freude über einen Gott, der die Welt so wunderbar geschaffen hat und immer wieder neu schafft.

Ich glaube an den einen Herrn Jesus Christus, Gottes eingeborenen Sohn, aus dem Vater geboren vor aller Zeit

Diese Zeile des Glaubensbekenntnisses ist bewusst parallel zu der ersten (»Ich glaube an den einen Gott«) aufgebaut und meint: Wie wir an den einen Gott glauben, so glauben wir auch an den einen Herrn Jesus Christus. Wiederum liegt hier die Betonung auf dem *unum* – dem *einen*. Wir haben viele Herren, die uns bestimmen. Wir lassen uns von Menschen beeinflussen und oft genug auch beherrschen. Wenn Jesus aber der eine Herr ist über uns, dann werden wir eins mit uns. Und wenn wir ihn in uns herrschen lassen, werden wir nicht mehr beherrscht von unseren Bedürfnissen und Leidenschaften, von den Erwartungen anderer Menschen. Wir sind frei. So hat es der Apostel Paulus erfahren, denn er schreibt:

> Der Herr aber ist der Geist, und wo der Geist des Herrn wirkt, da ist Freiheit.
>
> 2 KORINTHER 3,17

An den einen Herrn Jesus Christus zu glauben heißt aber auch, daran festzuhalten, dass Jesus mit sich selbst und mit Gott eins war. In Jesus finden wir daher einen Weg, mit uns selbst eins zu werden, alles, was in unserem Bewusstsein, aber auch in unserem Unbewussten auftaucht, in die Einheit unserer Person hineinzunehmen, uns nicht spalten zu lassen, indem wir das Unangenehme in uns verdrängen. Der eine Herr Jesus Christus ermöglicht uns, alles in uns in die Einheit mit Gott hineinzunehmen. Das heilt uns von jeder Spaltung, lässt uns ganz werden und eins mit uns selbst.

Von diesem Herrn Jesus wird nun gesagt, dass er Gottes eingeborener Sohn ist. Damit tun sich heute viele Menschen schwer. Sie akzeptieren Jesus als einen religiös begabten Menschen, als eine einmalige Persönlichkeit. Aber Gott können sie nicht in ihm sehen. Doch für mich lässt diese dogmatische Aussage gerade das Geheimnis Jesu offen. Jesus war sicher auch ein religiös begabter, ein erleuchteter Mensch. Aber ich bin immer skeptisch gegenüber der Ansicht: Jesus war nichts als das. Wenn wir sagen, dass Jesus nichts als ein religiös begabter Mensch war, dann nivellieren wir ihn auf das, was wir kennen. Er wird zu einer geschichtlichen Gestalt unter vielen anderen. Als solche können wir sie relativieren, das heißt, auswählen zwischen dem, was uns an seinem Leben, seinem Menschsein anspricht, und dem, was wir in seiner Botschaft als zeitbedingt abtun. Wenn wir Jesus als Gottes Sohn bekennen, dann wissen wir damit nicht, was das wirklich bedeutet. Aber wir halten das Geheimnis offen, legen Jesus nicht fest auf vorgeformte Normen, auf das, was wir auch über andere geschichtliche Gestalten sagen. Vor allem aber stellen wir uns seinem Anspruch, lassen wir uns von Jesus ansprechen wie von Gott. In dieser Hinsicht gilt, was Paul Tillich von Gott beziehungsweise von Religion sagt:

> Religion ist im weitesten und tiefsten Sinne das,
> was uns unbedingt angeht.

Ich kenne viele Christen, die all das, was ihnen an Jesus nicht passt, beiseiteschieben oder einfach als historisch verharmlosen. Sie stellen sich letztlich über ihn und beurteilen ihn nach ihren eigenen Vorstellungen von Glaube und Religion. Jesus als Gottes Sohn bleibt jedoch ein Geheimnis. Vor allem aber bleibt er der, der uns unbedingt angeht. Viele »basteln« sich ihre eigene Theorie über Jesus und stellen diese zwischen sich und ihn. Diese Theorie hilft ihnen, sich von Jesus zu distanzieren. So haben es schon die Schriftgelehrten zur Zeit Jesu gehalten. Sie sagten:

> Er ist von Beelzebul besessen; mit Hilfe des Anführers der Dämonen treibt er die Dämonen aus.
>
> MARKUS 3,22

Eine solche Aussage ist ein typisches Beispiel: Ich stecke Jesus in eine bestimmte Schublade, um mich nicht mit ihm auseinandersetzen zu müssen. Wenn wir bekennen, dass Jesus Gottes Sohn ist, dann löst sich aber jede Theorie auf, die wir zwischen Jesus und uns stellen. Wir schauen auf den, der uns unbedingt angeht. Und indem wir uns von ihm ansprechen lassen, vermag er uns zu heilen und zu verwandeln. Wir müssen nicht etwas bekennen, was uns die Kirche »vorsetzt«. Wir öffnen uns vielmehr dem Geheimnis Jesu und stellen uns seinen Worten. Wir ringen mit ihm, mit seiner Gestalt, seinen Worten und seinem Schicksal, um darin das Geheimnis unseres eigenen Lebens zu verstehen.

Sich von Jesus ansprechen zu lassen heißt jedoch nicht, seine Worte absolut zu setzen, sie nicht mehr zu hinterfragen. Vielmehr verlangt der Glaube, dass wir sie mit unserem Verstand durchdringen wollen.

Augustinus sagt:

> Sei du selbst dein Freund,
> dann bist du eines Herzens mit dem Wort Gottes.

Das meint, dass wir die Worte Jesu nur dann richtig verstehen, wenn sie für uns Worte des Heils werden, Worte, die uns in die Freundschaft mit uns selbst führen. Wenn uns die Worte Jesu Angst machen, dann verstehen wir sie falsch. Dann sehen wir auf sie durch die Brille unserer Angst. Die Worte Jesu wollen uns zum Leben führen. Solange ich sie aber als etwas Bedrohliches und Feindliches sehe, bin ich mein eigener Feind, fühle ich mich von dem, was in meiner Seele ist, selbst bedroht.

Dass diese Sicht Jesu als Sohn Gottes nicht als konservative Theologie abgetan werden kann, hat mir die Begegnung mit Heinrich Böll gezeigt, der durchaus kritisch der Kirche und ihrer Theologie, vor allem aber ihrer Moral gegenüberstand. Heinrich Böll meint, dass ihm Jesus erst in seiner ganzen Bedeutung für unsere eigene Menschwerdung aufgehe, wenn er ihn als Sohn Gottes, als Jesus Christus, sehe:

> Mir erscheint die Trennung des Jesus vom Christus wie ein unerlaubter Trick, mit dem man dem Menschgewordenen seine Göttlichkeit nimmt und damit auch allen Menschen, die noch auf ihre Menschwerdung warten ... An der Gegenwart des Menschgewordenen werde ich nie zweifeln. Aber Jesus allein? Das ist mir zu vage, zu sentimental, zu storyhaft, zu sehr eine »rührende Geschichte«.
>
> ZITIERT NACH KUSCHEL, 152

Für Böll ist es wichtig, dass Jesus »menschgeworden« ist, dass in ihm Gott selbst Mensch geworden ist. Nur so hat seine Menschwerdung eine Bedeutung für unsere eigene Menschwerdung. Nur so können wir an ihm ablesen, wie unser Weg des Menschwerdens gelingt.

Noch etwas ist mir an dieser Aussage wichtig: Jesus als Sohn des Vaters erinnert uns daran, dass wir alle Söhne und Töchter sind. Ich selbst bin Sohn eines Vaters und einer Mutter. Ich verstehe mich nur richtig, wenn ich mein Sohnsein oder Tochtersein annehme.

Das bedeutet: Ich habe eine Herkunft. Ich bin geprägt von meinem Vater, meiner Mutter. Ich bin Teil ihrer Geschichte. Ich habe Vorfahren. Wenn wir an Jesus Christus, den Sohn Gottes, glauben, sollten wir uns mit unserem eigenen Sohnsein, unserem eigenen Tochtersein aussöhnen und uns fragen: Was bedeutet das für mein Selbstverständnis, dass ich Sohn bin, dass ich Tochter bin?

Als Sohn oder Tochter gehe ich zwar meinen eigenen Weg. Aber ich habe auch empfangen und empfange noch immer, ich höre auf die Worte von Vater oder Mutter und gehe dann doch meinen eigenen Weg. Sohn und Tochter zu sein erinnert mich immer an meine Herkunft. Ich komme nicht aus mir selbst. Ich komme aus meinen Eltern und von Gott her. In gewisser Weise bin auch ich Sohn oder Tochter Gottes.

Die Aussage, dass Jesus aus dem Vater geboren wurde vor aller Zeit, verweist uns auf das unbegreifliche Geheimnis Jesu. Wir können das nicht begreifen und erklären. Jesus ist nicht der, den wir vereinnahmen können mit unserem Verstand. In ihm bleibt etwas Geheimnisvolles, das dem Zugriff unseres Verstandes entzogen ist.

In diesem Jesus leuchtet uns etwas entgegen von dem Gott, der seit Ewigkeit ist. Jesus wurde aus Gott geboren vor aller Zeit. Er ist daher auch aller Zeit enthoben und hat nicht Teil an ihrer Vergänglichkeit.

Der Umgang mit der Zeit hat für uns heute etwas Bedrohliches. Sie frisst uns auf. Wenn Jesus jenseits aller Zeit ist, dann haben wir mitten in der Zeit den unter uns und auch in uns, der uns Anteil an der Ewigkeit schenkt. Das relativiert die Zeit und nimmt ihr das Bedrohliche. Jesus ist bei uns. Und er ist doch zugleich jenseits aller Zeit. Er ist schon seit Ewigkeit bei Gott und in Gott. Das können wir nicht mehr rational erklären. Es sind Worte, die zur Anbetung und zum Staunen und Glauben führen wollen, die uns in das Geheimnis Gottes selbst hineinführen.

Gott von Gott, Licht vom Licht, wahrer Gott vom wahren Gott, gezeugt nicht geschaffen, eines Wesens mit dem Vater; durch ihn ist alles geschaffen

Mit diesen Bildern beschreibt das Credo das Geheimnis Jesu: Der Mensch Jesus ist zugleich Gott von Gott und Licht vom Licht, wahrer Gott vom wahren Gott. Das ist nicht einfach abstrakte Spekulation, vielmehr haben die Theologen der frühen Kirche über Jesus nachgedacht und um das richtige Verständnis Jesu gerungen, weil sie damit letztlich um die Würde des Menschen gerungen haben.

Jesus, der ganz und gar Mensch war, ist zugleich Gott und kommt von Gott. Wenn dieser Mensch zugleich wahrer Gott ist, dann können wir durch ihn Anteil haben an Gott. Dann besteht unsere Würde darin, vergöttlicht zu werden, mit göttlichem Leben erfüllt zu werden, das nicht mehr der Hinfälligkeit unterworfen ist, von Gottes Licht erleuchtet zu sein, das stärker ist als alle Dunkelheit, die uns manchmal überkommt.

Dieser Jesus ist das Wort, das schon im Anfang bei Gott war. Gott hat das Wort ausgesprochen. Aber er hat es nicht geschaffen. Denn das Wort gehört wesentlich zu ihm. So steht hinter dieser eigenartigen Formulierung: »gezeugt nicht geschaffen« die Absicht, die ersten Worte des Johannesprologs auszulegen:

Im Anfang war das Wort, und das Wort war bei Gott,
und das Wort war Gott.

JOHANNES 1,1

»Licht vom Licht«

Diese Worte verweisen auf die griechische Lichttheologie, wie sie vor allem Origenes entfaltet hat. Nach ihm führt uns das Wort Gottes, wie es uns die Bibel überliefert, zur Klarheit und Erleuchtung. Das Ziel unseres Lebens ist die Erleuchtung. Die Bibel ist daher ein Buch lichtvoller Wahrheit. Jesus ist das fleischgewordene Wort, das uns in das Licht Gottes führt. In ihm leuchtet Gottes Schönheit auf. Das ist letztlich eine mystische Aussage. Der Glaube an Jesus will uns also zur mystischen Erleuchtung führen. Wir glauben, um zu erfahren, um Christus als Licht zu erfahren und uns selbst als Erleuchtete zu erleben. Erleuchtung bedeutet immer auch Heilung, Verwandlung der inneren Finsternis in Licht.

»Eines Wesens mit dem Vater«

Diese dogmatische Aussage war wichtig, um sich gegen eine raumgreifende Strömung, den Arianismus, im Christentum des 4. Jahrhunderts abzugrenzen, die behauptete, Jesus als Sohn und Gott als Vater hätten zwei verschiedene »Naturen«. Jesus ist jedoch nicht nur Gott ähnlich, sondern er ist von der gleichen göttlichen Natur wie der Vater selbst. Für die griechischen Kirchenväter war das aber weniger eine rein dogmatische Frage. Für sie ging es vielmehr darum, Jesus genauso wie Gott anzubeten und zu verherrlichen. Sie haben also vielmehr liturgisch gedacht und argumentiert als dogmatisch. In der Liturgie beteten sie den Vater genauso an wie den Sohn, brachten dem Sohn die gleiche Ehrerbietung entgegen wie dem Vater.

Das scheinen uns heute fremde Spekulationen zu sein. Doch die spätere Formulierung des Konzils von Chalkedon im Jahr 451, dass in Jesus die göttliche und die menschliche Natur miteinander verbunden seien, und zwar ungetrennt und unvermischt, ist durchaus auch eine Formulierung über die richtige Beziehung des Menschen zu Gott: Wir werden auf unserem spirituellen Weg eins mit Gott. Aber wir bleiben trotzdem Mensch. Unsere menschliche Natur vermischt sich nicht mit der göttlichen Natur. Wir sind eins mit ihr und bleiben dennoch Menschen, die vom göttlichen Leben durchdrungen sind.

Spannend ist, was die Psychologie in dieser Hinsicht meint: dass die Idee eines Menschen von seiner Vermischung mit dem Göttlichen oft zu krankhaften Vorstellungen über sein eigenes Ich führt. Menschen, die sich selbst nicht annehmen können, flüchten in Ideen des Verschmolzenseins mit dem Göttlichen. Sie fliehen vor der eigenen Realität. Weil sie ihre Menschlichkeit mitsamt dem ihr eigenen Chaos nicht aushalten können, fliehen sie in fromme Vorstellungen, die aber ihrem Wesen nicht entsprechen. Dann wird Spiritualität zu einer Droge und nicht zu einem Heilmittel.

Die dogmatischen Aussagen über die Verbindung von Gottheit und Menschheit in Jesus Christus schützen somit unsere eigene Menschlichkeit und zeigen uns zugleich unsere Würde auf. Ein schönes Bild für diese dogmatische Aussage ist für mich der brennende Dornbusch, wie er in Exodus 3,2ff beschrieben wird. Er steht für das Gescheiterte, Vertrocknete, Wertlose, Übersehene in uns. Doch gerade dieser Dornbusch brennt ohne zu verbrennen. Wir bleiben Dornbusch, also menschlich, durchschnittlich, begrenzt, immer wieder scheiternd, aber dennoch sind wir der Ort, an dem

Gottes Herrlichkeit aufleuchtet. Die Herrlichkeit Gottes lässt uns jedoch zugleich auch Mensch sein. Das göttliche Leben vermischt sich nicht mit uns. Aber es ist eins mit uns. Es leuchtet in uns auf.

»Durch ihn ist alles geschaffen«

Hier werden die Worte aus dem Prolog des Johannesevangeliums aufgegriffen:

> Alles ist durch das Wort geworden, und ohne das Wort wurde nichts, was geworden ist.
>
> JOHANNES 1,3

Die Kirchenväter, die an dieser Formulierung mitgewirkt haben, hatten dabei die griechische Philosophie vor Augen, das heißt, sie waren davon überzeugt, dass wahres Wissen nur durch die geistige Welt vermittelt wird, während die materielle Welt nur flüchtiges Wissen erzeugt (vgl. Sanford, I 31). Platon, der größte griechische Philosoph, war der Ansicht, dass die Schau dieser geistigen Welt erlösend und heilend wirkt. Wenn wir also von Jesus sagen, dass er Gott von Gott ist, wahrer Gott vom wahren Gott, dann drücken wir darin aus: Seine Worte vermitteln uns eine Weisheit aus der Welt des göttlichen Lichtes, eine Weisheit, die unsere Dunkelheit erhellt und unsere Wunden heilt, die uns zu dem befreit, der wir wirklich sind. Jesus ist »die Quelle allen Lebens und aller Weisheit« (Sanford, I 32). Und wenn alles durch das Wort geschaffen wurde, dann können wir auch alles verstehen. Unsere Worte sind daher der Schlüssel, das, was die Schöpfung ausmacht, aufzuschließen und zu begreifen.

In diesen Worten drückt sich ein heilsames Bild von Gott und der Welt aus: Wenn Jesus wahrer Gott vom wahren Gott ist, dann bedeutet das, dass Gott nicht nur der Schöpfung gegenübersteht, sondern zugleich »*in* der Schöpfung wohnen kann« (Sanford, I 33).

Gott geht in Jesus Christus aus sich heraus, nimmt in ihm Wohnung. In Jesus Christus erkennen wir auch unsere eigene Beziehung zu Gott. Gott geht auch in uns ein. Er nimmt Wohnung bei uns. Wenn wir in Jesus Gott begegnen und Gott in uns aufnehmen, dann wird unser Bewusstsein von Licht durchflutet, dann wohnt in uns die göttliche Weisheit. Wir sind nicht getrennt von Gott. Gott ist uns in Jesus so nahe gekommen, dass er uns mit seiner Wahrheit und seinem Licht durchdringt, dass er in uns wohnt. Daher sind die Aussagen über Jesus immer auch Aussagen über uns selbst. Unsere Würde wird darin offenbar. Wir sollten diese Worte und Bilder als mystische Erfahrung verstehen. Dann erkennen wir darin ein faszinierendes Gottesbild und eine faszinierende Sicht auf den Menschen.

Dann heißt das nach John A. Sanford, einem amerikanischen Geistlichen und C. G. Jung-Schüler,

> dass der absolut transzendente Gott ... die Welt durch seinen Selbstausdruck, den Logos, erschuf und dass dieser Logos, das schöpferische Wort Gottes, der gesamten Schöpfung immanent ist. Dieses Wort Gottes wurde auch als die Quelle aller Wahrheit angesehen. Immer, wenn jemand die Wahrheit gefunden hatte, dann war es das Wort Gottes, das als Inspiration für diese Erkenntnis und als Führer zu allem wahren Wissen ausgemacht werden konnte.
>
> SANFORD, I 36

Wenn wir diese Worte, die Sanford zur Interpretation des Johannesprologs schreibt, auf das Glaubensbekenntnis anwenden, dann meinen die Bilder, die das Credo nutzt, dass uns Jesus in die mystische Erfahrung Gottes hineinführt sowie in die Erkenntnis der Wahrheit, dass wir durch Jesus in das Licht Gottes hineingestellt werden und in Gott selbst hineinreichen.

Für uns Menschen und zu unserem Heil ist er vom Himmel herabgestiegen

Bis hierher bezogen sich die Aussagen des Glaubensbekenntnisses auf das Wesen Jesu. In diesem Abschnitt wird sein Tun in den Blick genommen. Zunächst wird es als Hinabsteigen beschrieben und gleichzeitig das Ziel seines Hinabsteigens angegeben: »für uns Menschen und zu unserem Heil«.

Im Lateinischen heißt es: *propter nos homines et propter nostram salutem. Propter* heißt eigentlich *wegen* und *in Rücksicht auf*. Das meint: Er ist unseretwegen hinabgestiegen und unserer Heilung wegen, damit wir gesund werden, heil und ganz. Er ist aus Rücksicht auf uns zu uns hinabgestiegen. Weil er auf uns geschaut hat und unser Heil und unsere Heilung wollte, ist er Mensch geworden.

Die griechischen Kirchenväter, vor allem Gregor von Nyssa, sehen die Menschwerdung Gottes in Jesus Christus als einen medizinisch-therapeutischen Weg, wie Gott unsere Schwächen und Krankheiten heilt. Gott nimmt alles Menschliche an, einschließlich der menschlichen Schwächen, um sie mit göttlichem Leben zu erfüllen und sie auf diese Weise zu verwandeln und zu heilen. Jesus steigt zu uns herab, um uns das wahre Gottesbild zu zeigen und uns dadurch zu heilen.

Alles, was uns die Bibel von Jesus erzählt, geschieht unseretwegen, für uns und in Rücksicht auf uns. Das ganze Wirken Jesu ist heilend und erlösend. Für die griechischen Kirchenväter beginnt die Erlösung schon mit der Menschwerdung. Alles, was Gott angenommen hat, hat er auch erlöst. Das heißt aber auch: Nur was angenommen wird, kann erlöst werden.

»Unseretwegen« kann jedoch auch bedeuten: um uns einen Weg zu zeigen, um uns die Augen zu öffnen, wie unser Leben gelingen kann. Jesus ist unseretwegen hinabgestiegen, damit wir es ihm gleichtun und in seinem Weg auch einen Weg für unsere eigene Selbstwerdung entdecken.

Dieses Herabsteigen wird in einer neueren Übersetzung des lateinischen Textes wiedergegeben mit: »Unseretwegen ist er vom Himmel gekommen«. Das ist für mich zu schwach. Im Lateinischen heißt es: *descendit de caelis*, was wörtlich übersetzt bedeutet: »Er ist herabgestiegen vom Himmel«. Der Hinabstieg ist ein zentrales Bild, nicht nur für den Weg Jesu, sondern auch für unseren eigenen. Mozart hat das verstanden, wenn er in der Krönungsmesse an dieser Stelle des Credo immer wieder das *descendit* in den verschiedensten Weisen wiederholt. Das Hinabsteigen Gottes in unsere Welt ist das eigentliche Geheimnis des christlichen Glaubens.

So hat es auch C. G. Jung verstanden. Er sieht im Hinab- und Hinaufsteigen den zentralen Gedanken des Christentums und auch den zentralen Gedanken menschlicher Selbstwerdung. Er äußert sich verwundert darüber, dass manche Theologen solche Schwierigkeiten mit der Psychologie haben, die doch nichts anderes tut, als das christliche Paradox zu beschreiben, dass – und hier verweist Jung auf Epheser 4,9 – nur der hinaufsteigt zum Himmel, der zuvor hinabgestiegen ist. Gott ist in Jesus zu uns hinabgestiegen, damit wir ihn dort erfahren können, wo wir sind, er ist hinabgestiegen, um uns auf gleicher Augenhöhe zu begegnen.

Das ist der eine Aspekt des Hinabsteigens. Der andere steckt in dem Gedanken: Wie Jesus sollen auch wir hinabsteigen in die Tiefen unserer Seele, damit alles in uns von seinem Licht erleuchtet werden kann. Unser Ordensgründer, der heilige Benedikt, hat dieses Hinabsteigen mit dem lateinischen Wort *humilitas* beschrieben, was so viel wie Demut meint. Wir brauchen den Mut, unsere eigene Erdhaftigkeit anzunehmen, hinabzusteigen in die Tiefen der Erde. Die Tiefen der Erde sind ein Bild für die Tiefen unseres Unbewussten. In uns gibt es das Dunkle, das Chaotische, das Wilde, das Ungebändigte, das Aggressive. Nur wenn wir den Mut finden, hinabzusteigen und durch all das hindurchzugehen, was in uns ist, gelangen wir in den inneren Raum der Stille auf dem Grund unserer Seele.

Und nur wenn wir es wagen hinabzusteigen, vermögen wir auch aufzusteigen zum Himmel, zu Gott. Dieses Hinaufsteigen ist jedoch nicht räumlich zu verstehen. Im Hinabsteigen durch das innere Chaos steigen wir letztlich in den heiligen Raum auf dem Grund unserer Seele. Dort ist der Himmel in uns. Und in diesem sind wir mit unseren Sinnen schon auf das gerichtet, was oben ist, so wie es der Kolosserbrief zum Ausdruck bringt:

> Richtet euren Sinn auf das Himmlische und nicht auf das Irdische.
>
> KOLOSSER 3,2

Abstieg und Aufstieg sind zwei zentrale Symbole menschlicher Selbstwerdung. Die Spiritualität beginnt mit der Sehnsucht, aufzusteigen. Zum Himmel aufzusteigen, das war die Ursehnsucht der Griechen. Der griechische Mythos hat das in den Gestalten von Daidalos und seinem Sohn Ikaros zum Ausdruck gebracht: Die beiden konstruierten aus Wachs und Vogelfedern Flügel, um aus dem Palast, ihrem Gefängnis, entfliehen zu können. Doch Ikaros war vom Fliegen so fasziniert, dass er immer höher aufstieg. Dabei hatte sein Vater ihn gewarnt, er solle nicht so hoch fliegen, dass er der Sonne zu nahe komme, die das Wachs der Flügel schmelzen würde. Doch der Sohn war so begeistert vom Aufsteigen, dass er die Warnung vergaß und jäh abstürzte.

Wer aufsteigt, bevor er hinabgestiegen ist, der stürzt ab. Unser Aufstieg wird nur dann sein Ziel erreichen, wenn wir zuvor abgestiegen sind in die Niederungen unseres Lebens, wenn wir Ja gesagt haben zu unserer eigenen Menschlichkeit, Erdhaftigkeit, Durchschnittlichkeit. Jeder von uns sehnt sich nach Aufstieg. Abstieg ist eher verpönt, wie sich schon in unserem Sprachgebrauch zeigt: Wir sprechen von einem Schauspieler, der auf einem absteigenden Ast ist, oder vom Abstieg eines Spitzensportlers, und bemitleiden sie. Jesus dagegen lädt uns ein, den Abstieg zu wagen. Nur wenn wir dieser Einladung folgen, wird uns der Aufstieg gelingen.

Jesus ist unseretwegen hinabgestiegen, damit wir es ihm gleichtun. Und er hat es um unseres Heiles willen getan. Er wollte uns einen Weg zeigen, wie wir heil und ganz werden können. Dies kann nur gelingen, wenn wir selbst hinabsteigen in unsere eigenen Tiefen. Nur dann kann das Licht Gottes alles in uns durchdringen. Nur dann wird alles zu uns gehören und wir werden ganz sein. Wenn wir unsere eigene Tiefe verdrängen oder vermeiden, dann wird unter der Oberfläche unseres Lebens ein Vulkan brodeln. Und irgendwann wird er ausbrechen. Der Vulkan wird nur dann zu einer Glut, die uns wärmt und uns zum Glühen bringt, wenn wir in ihn hinabsteigen. Dann verliert er das Gefährliche. Wir steigen durch ihn hinab in den Grund unserer Seele. Und in diesem Grund wohnt Gott in uns. Dort ist ein Raum der Stille, ein heiliger Raum. In ihm sind wir heil und ganz. Dort kann niemand uns verletzen, dort sind wir gesund und heil, ohne Kränkung und Verletzung. Indem wir diese Worte im Credo bekennen, beschreiben wir unseren eigenen Weg der Menschwerdung.

Er hat Fleisch angenommen durch den Heiligen Geist von der Jungfrau Maria und ist Mensch geworden

Das Glaubensbekenntnis gipfelt in diesen Worten. Das hat auch Mozart erkannt und es in seiner Vertonung deutlich gemacht: In der c-moll-Messe lässt er den Sopran ganze acht Minuten über dieses Wort singen. Er wählt hier eine weihnachtliche Melodie, und man könnte sagen, dass hier seine ganze Theologie eingeflossen ist, so wie er die Fleischwerdung Gottes in Jesus Christus verstanden hat. In der Musik wird die Zärtlichkeit Mariens hörbar. Für Mozart leuchtet in der Fleischwerdung aus Maria das Bild des zärtlichen und mütterlichen Gottes auf. Es ist eine innige Melodie, in der die Liebe Gottes als zärtliche Liebe hörbar wird. In der Arie kommt aber auch der Zwiespalt zwischen Geist und Fleisch zum Ausdruck, der Streit zwischen beiden und das Ringen, damit beide sich miteinander vereinen. Wenn beide am Schluss der Arie eins werden, entsteht ein zärtlicher Friede, eine heilige Ruhe.

Die Musik zeigt uns das Bild eines Menschen, der eins geworden ist mit sich selbst und mit Gott, der in sich zum Einklang gekommen ist und uns einlädt, mit ihm eins zu werden und alles Gegensätzliche in uns zusammenklingen zu lassen.

Die deutsche Übersetzung dieses Verses aus dem Glaubensbekenntnis lautet: »Jesus hat Fleisch angenommen *durch* den Heiligen Geist.«

Im Lateinischen heißt es jedoch: *incarnatus de spiritu sancto*, also »Der Sohn Gottes hat Fleisch angenommen *vom* Heiligen Geist.« Er ist vom Geist herab ins Fleisch gekommen. Fleisch und Geist werden häufig als die größten Gegensätze angesehen. Der Geist streitet wider das Fleisch. Doch mit den Worten des Credo bekennen wir, dass das ewige Wort durch den Geist Fleisch geworden ist. Die Bewegung geht also vom Geist zum Fleisch. Das ist nicht nur das Geheimnis der Geburt Jesu Christi, sondern auch das Geheimnis unserer eigenen Menschwerdung: Der Geist muss in unser Fleisch kommen, er muss Fleisch werden, sonst geht unsere Menschwerdung ins Leere.

Tertullian, der lateinische Kirchenvater aus Karthago (160–220), hat das in dem berühmten Wort ausgedrückt: *Caro cardo salutis* –

Das Fleisch ist die Türangel des Heils.

Am Fleisch vorbei gibt es kein Heil, keine Heilung, keine Erlösung. Viele möchten an ihrem Fleisch vorbei Mensch werden. Sie leben nur im Kopf. Aber wer nicht im Leib lebt, der hat auch keine Ausstrahlung. Wer sich in seiner Frömmigkeit über das Fleisch erhebt, wer seine Leidenschaften und Emotionen überspringt, dessen Spiritualität wird leidenschaftslos und kraftlos. Wenn der Geist nicht ins Fleisch kommt, bleibt er unfruchtbar. Nur wenn er ins Fleisch kommt, wird er für uns erfahrbar. Ohne Fleisch bleibt Gott in dieser Welt ohne Antlitz. Gott braucht das Fleisch, um Mensch zu werden, damit in unserem Antlitz Gottes Angesicht aufleuchten kann.

Der Münchner Psychoanalytiker und Psychotherapeut Albert Görres hat die drei Worte des afrikanischen Kirchenvaters als Weg zu wahrer Menschwerdung interpretiert. Er schreibt:

> Gott tritt ein in die in sich verschlossene Sphäre des Nicht-Göttlichen und öffnet um die Angel des Leibes und der Welt die zugeschlagene Türe zu sich selbst ... Die Fleischwerdung Gottes ist es, die dem Menschen den ihm erträglichen und zuträglichen Kontakt mit Gott ermöglicht, die leibliche Berührung, das Sehen und Hören Jesu Christi, das Berührt- und Benetztwerden von den Elementen, denen er sich mitteilt, die körperliche Aufnahme der Sakramente – alles das gibt uns im Fleisch die verborgene Gottheit. Wir hätten es oft gern anders, aber wir vergessen, dass der brennende Dornbusch zu heiß für uns sein könnte.
>
> GÖRRES, 21

Wenn Gott in Jesus ins Fleisch kommt, dann zeigt er uns auf der anderen Seite damit den Weg zu Gott. Unser Weg zu Gott führt nur über das Fleisch. Das Fleisch mit seinen oft negativen Affekten wie Ärger, Unzufriedenheit, Ungeduld, Schmerz und Trauer lädt uns ein, zu Gott umzukehren. Es geht darum, diese negativen Emotionen in Dankbarkeit und Vertrauen zu verwandeln.

Darin besteht für Görres die Erlösung: Indem Jesus in unser Fleisch kommt, all diese Emotionen selbst durchlebt und mit seiner Liebe durchdringt, zeigt er uns den Weg der Heilung und Erlösung.

Was Albert Görres in psychologischer Sprache ausgedrückt hat, hat Augustinus bildhaft beschrieben. Er meint:

> Das Wort ist Fleisch geworden, dass wir es sehen können. So sollte in uns geheilt werden das Herz, mit dem wir das Wort zu sehen vermögen.
>
> AUS DER AUSLEGUNG ZUM ERSTEN JOHANNESBRIEF

Es ist eine kühne Theologie oder auch Psychologie, dass unser Herz durch Schauen geheilt wird. Indem wir das Wort Gottes im Fleisch schauen können, wird unser Fleisch geheilt. In einer Weihnachtspredigt stellt Augustinus die verschiedenen Aspekte des Fleisches dar, die durch die Fleischwerdung des göttlichen Wortes verwandelt und geheilt werden:

> Gott ist Mensch geworden für dich. Auf ewig wärest du tot, wäre Gott nicht in der Zeit geboren worden. Wenn er nicht die Gestalt des Fleisches angenommen hätte, »der Macht der Sünde unterworfen« (Römer 8,3), nie wärest du frei geworden vom Joch des Fleisches, von der Sünde. Dem ewigen Unglück wärest du anheimgefallen, wäre dieses Werk der Barmherzigkeit nicht geschehen. Du wärest nicht wieder zum Leben gekommen, wäre er dir im Tod nicht gleichgeworden. Du wärest verschmachtet, wäre er nicht zu Hilfe gekommen. Du wärest zugrunde gegangen, wäre er nicht gekommen.
>
> AUS DER PREDIGT ÜBER DIE GNADE DER MENSCHWERDUNG GOTTES

Fleischwerdung heißt für Augustinus, dass Jesus unsere Hinfälligkeit angenommen hat, die in den Tod führt. Er hat unsere Neigung zu Fehlern und zur Sünde angenommen, um sie zu heilen. Und er hat uns, die »verschmachten«, die ausgebrannt sind, mit seinem unerschöpflichen göttlichen Leben erfüllt.

Menschwerdung heißt auch für uns, Ja zu sagen zu unserem Fleisch, uns auszusöhnen mit der Müdigkeit unseres Fleisches, mit seiner Hinfälligkeit, Schwäche, Ohnmacht, Empfindlichkeit, mit seiner zeitlichen Begrenzung und Sterblichkeit, aber auch mit seiner Schönheit, mit seiner Zartheit und Sensibilität. Wenn unser Geist Ja sagt zum Fleisch, dann kann in uns das Wort Gottes Fleisch annehmen, kann Gottes Geist unser Fleisch verwandeln. Auch unser Weg der Selbstwerdung verlangt, dass unser Geist ins Fleisch kommt, dass wir nicht am Leib vorbei zu Gott kommen, sondern durch den Leib und seine Begrenztheit hindurch.

»Jesus hat Fleisch angenommen aus der Jungfrau Maria«

Dieses Bild will deutlich machen, dass Gott selbst der Handelnde ist, dass jedoch der Mensch ebenfalls mitwirkt. Viele sagen mir zu diesen Worten aus dem Credo: »Das kann ich nicht glauben. Das ist ein Ausklammern der Sexualität und des normalen biologischen Vorgangs.«

Hinter den Worten des Credo steckt jedoch keine biologische Theorie, wie Jesus aus einer Jungfrau geboren werden konnte. Das ist nicht das Thema. Ich antworte daher dann: Das Dogma kreist nie um die Biologie. Es zeigt das Geheimnis Jesu auf. Es widerspricht der religiösen Sprache, wenn ich sie auf eine biologische Ebene reduziere. Lassen wir uns auf die bildhafte Sprache ein, anstatt uns mit biologischen Argumenten gegen das Geheimnis zu schützen. Es geht darum, das Geheimnis Jesu zu wahren und uns diesem Geheimnis zu stellen, anstatt wieder eine Theorie zwischen uns und Jesus aufzubauen, um uns seinem Anspruch zu entziehen.

Oder ich antworte mit den Worten von Joseph Ratzinger:

> Die Gottessohnschaft Jesu beruht nach dem kirchlichen Glauben nicht darauf, dass Jesus keinen menschlichen Vater hatte; die Lehre vom Gottsein Jesu würde nicht angetastet, wenn Jesus aus einer normalen menschlichen Ehe hervorgegangen wäre. Denn die Gottessohnschaft, von der der Glaube spricht, ist kein biologisches, sondern ein ontologisches Faktum; kein Vorgang in der Zeit, sondern in Gottes Ewigkeit.
>
> RATZINGER, EINFÜHRUNG IN DAS CHRISTENTUM, 225

Wenn wir das Credo beten oder singen, sollten wir in der bildhaften Sprache bleiben, anstatt in eine biologische Sprache abzugleiten, die kein Gespür für das Geheimnis hat. Dogmatik ist auch hier die Kunst, das Geheimnis offen zu halten und es zu schützen.

Die Geburt aus der Jungfrau ist ein Bild für Gottes Wirken und die Antwort des Menschen. Maria ist das Urbild des glaubenden Menschen, aber auch das Urbild, wie Erlösung und Verwandlung geschehen kann. Sie lässt sich auf das Wort Gottes ein und zweifelt nicht wie Zacharias am Wort des Engels. Sie hält ihren Schoß hin, damit Gottes Wort darin Fleisch annehmen kann. Sie hört so hingebungsvoll auf das Wort Gottes, das ihr der Engel verkündet, dass es sich »einfleischt« in sie hinein. Es prägt ihre ganze leibhaftige Existenz. Das ist auch eine Einladung an uns: Wie Maria sollen wir die Worte Gottes so in unser Herz, ja in unser Fleisch fallen lassen, dass sie uns ganz und gar durchdringen. Angelus Silesius hat in diesem Sinn die Geburt Jesu aus Maria, der Jungfrau, verstanden:

> Berührt dich Gottes Geist mit seiner Wesenheit,
> So wird in dir geborn das Kind der Ewigkeit.

Ist deine Seele Magd und wie Maria rein,
So muss sie augenblicks von Gottes schwanger sein.

Unsere Seele soll wie die Jungfrau sein: offen für das, was Gott in sie hineinlegt. Dann kann auch unserer Seele zur Mutter werden. Das Bild der Jungfrau drückt also die innere Freiheit und Selbstständigkeit aus. Wir werden von Gott her fruchtbar, und nicht nur, weil Menschen uns befruchten, sondern weil in uns selbst eine göttliche Quelle der Fruchtbarkeit ist. Das drückt Angelus Silesius so aus:

Die Jungfrauschaft ist wert, doch muss sie Mutter werden,
Sonst ist sie wie ein Plan von unbefrucht'ter Erden.

Das Ziel der Einfleischung durch den Heiligen Geist und aus der Jungfrau Maria ist die Menschwerdung. Im Credo heißt es deshalb: *et homo factus est – und ist Mensch geworden*. Auf diese Weise wird Gott ein Mensch. So geht aber auch unsere Menschwerdung. Mozart hat das in seiner Vertonung des Credo wunderbar ausgedrückt. Er lässt den Sopran immer wieder von Neuem mit diesen Worten beginnen und lässt ihn in immer neuen Variationen das *factus* besingen. Mozart möchte damit zum Ausdruck bringen, dass es lange braucht, bis wir wirklich Mensch geworden sind. Es ist ein langes Ringen, bis die Menschwerdung gelingt. Wie der Geist mit dem Fleisch eins wird, wie wir wahrhaft Mensch werden, das ist letztlich ein unbeschreibliches Geheimnis. Man kann es letztlich auch nicht mehr mit Tönen ausdrücken. Das Werden des Menschen braucht den Sprung vom Himmel zur Erde, von der Höhe in die Tiefe.

Karl Rahner drückt dieses Geheimnis in den etwas abstrakten Worten aus:

> Das Menschsein ist das, was wird, wenn Gott sich in die Andersheit des Nichtigen hinaussagt ... Das Fleisch, das der Mensch ist, ist die Selbstaussage Gottes selbst.
>
> RAHNER, 32

Es geht in diesen Worten des Credo letztlich um das Geheimnis unserer eigenen Menschwerdung. Sie wird nur gelingen, wenn der Geist Gottes auch in unser Fleisch hineinkommt, wenn Gott sich in unserem Fleisch ausdrückt als der, der uns befreit und heilt. Und es braucht dazu in uns die »Jungfrau«, also die Bereitschaft, sich für Gott so zu öffnen, dass er alles in uns durchdringt und verwandelt.

Noch ein anderer Aspekt ist mir deutlich geworden, als ich mich mit der Geschichte und dem theologischen Hintergrund des Konzils von Nicäa beschäftigte: Das *incarnatus est* wurde nicht nur auf die Fleischwerdung des Wortes in Jesus bezogen, sondern immer schon eucharistisch verstanden, das heißt: So wie der Geist Maria überschattet und den Leib mit der Gottheit vereint hat, so kommt auch in der Eucharistie der Heilige Geist über die Gaben von Brot und Wein und verwandelt sie in Leib und Blut Christi. Die Wandlung des Fleisches im Mutterleib nimmt schon die Verwandlung von Brot und Wein in Leib und Blut Jesu vorweg.

Gregor von Nyssa vergleicht dieses Bild von Verwandlung mit der Nahrungsaufnahme: Wer Brot isst, bei dem wandelt sich das Brot in seine eigene Natur. Jesus selbst hat sich von Brot ernährt und es auf diese Weise in seinen göttlichen Leib hinein verwandelt. So können wir glauben, dass er sich uns im eucharistischen Brot schenkt, um unseren Leib mit seinem göttlichen Leben und seiner göttlichen Liebe zu durchdringen und zu verwandeln. Die Fleischwerdung des Wortes Gottes setzt sich also für uns in der Eucharistie fort und kommt darin zur Vollendung. In der Eucharistie wird unser Fleisch vom Logos durchdrungen. Oder umgekehrt: In der Eucharistie wird das Wort auch in uns Fleisch. Es heiligt unser Fleisch, damit wir im Fleisch das Licht des ewigen Wortes in diese Welt hinein ausstrahlen.

Er wurde für uns gekreuzigt unter Pontius Pilatus, hat gelitten und ist begraben worden

In Bezug auf die Menschwerdung heißt es im Glaubensbekenntnis: *propter nos – unseretwegen*. Wenn es jetzt um die Kreuzigung und den Tod Jesu geht, wird im Credo das Wort *pro*, also *für* benutzt. Jesus ist *für* uns gekreuzigt worden. In diesem *für* ist nicht die Rede von Sühne oder Opfer. All die Theorien von stellvertretender Sühne, die es manchen Christen schwergemacht haben, das Geheimnis des Todes Jesu zu bedenken, sind spätere Deutungen. Im Credo ist davon nicht die Rede. Dort steht nur das eine Wort *für*. Aber dieses *für* sagt alles: Es drückt aus, dass Jesus für uns gestorben ist, dass sein Tod Ausdruck seiner Liebe zu uns war.

Im Johannesevangelium sagt Jesus:

> Es gibt keine größere Liebe,
> als wenn jemand sein Leben hingibt für seine Freunde.
>
> JOHANNES 15,13

Jesus hat seinen Tod für uns auf sich genommen. Er hat sein Leben für uns hingegeben. Der Grund war seine Liebe. In diesem »Fürsein« wird das Wesen der Existenz Jesu ausgedrückt, so hat es jedenfalls der katholische Exeget Heinz Schürmann gesehen:

> Das, was Jesu Leben und Tod sowie sein Leben nach dem Tod in der Tiefe verständlich macht, ist sein radikales Engagement für Gott und die Menschen ... Was diesen seinen Dienst zutiefst charakterisiert, ist das kleine Wörtchen »für« (griechisch »hyper«, lateinisch »pro«). Dieses Wort bringt Jesu Wesen ans Licht.
>
> SCHÜRMANN, 1

Jesus ist von seinem Wesen her der, der für uns eintritt, der für uns da ist, der für uns stirbt und für uns lebt. Wenn dieser Jesus ganz und gar für mich ist, für mich eintritt, für mich sein Leben aufs Spiel setzt, dann kann ich von dieser Hingabe leben. Dann spüre ich, wie wertvoll ich bin. Ich bin es wert, dass sich jemand für mich einsetzt und sogar sein Leben für mich hingibt.

Beim Hören des Credo, so wie es Mozart und Haydn vertont haben, ist mir aufgegangen, wie verschieden beide Komponisten die Menschwerdung und die Passion Jesu miteinander verbinden:

Bei Mozart wird die Menschwerdung Gottes in Jesus Christus mit zärtlicher Musik umgesetzt. Mit der Zeile »Er wurde für uns gekreuzigt« verdüstert sich dann die Musik.

Haydn dagegen hat in seiner Paukenmesse (sie heißt eigentlich: *Missa in tempore belli, Messe in Zeiten des Krieges*) die Menschwerdung und die Passion Jesu in einer einheitlich langsamen und getragenen Melodie vertont. Hier hört man deutlicher: Die Passion gehört zur Menschwerdung. In ihr gipfelt die Menschwerdung. Und: Zum Menschsein gehört auch das Leiden. In Haydns Messe folgt auf diesen langsamen Teil das triumphierende *et resurrexit, und er ist auferstanden*. Dieses musikalische Thema vom Geheimnis der Auferstehung wird tonlich entfaltet bis zur Erwartung der Auferstehung von den Toten. Erst bei dem Wort *mortuorum, der Toten* greift er wieder die langsame und getragene Melodie der Menschwerdung und Passion Jesu auf. Unser Tod erinnert uns an das Geheimnis der Menschwerdung und der Passion Jesu.

Die Wörter *sub Pontio Pilato – unter Pontius Pilatus* beschreiben mehr als die historische Situation, in der Jesus gestorben ist. Gemeint ist vielmehr, dass Jesus sich in die konkrete Geschichte dieser Welt eingelassen hat, dass sich sein Leben in einem ganz konkreten Kontext menschlicher Geschichte abgespielt hat. Gott ist nicht nur Mensch geworden. Er ist auch in die Geschichte eingetreten und hat sich in die Zufälligkeiten menschlicher Geschichte hineinbegeben.

In den Augen Karl Rahners ist diese Erwähnung des Pilatus die Konkretisierung, dass Gott in Jesus Fleisch angenommen hat. Mit dem Fleisch ist immer schon die konkrete leibhaftige Geschichte des Menschen mitgedacht. Rahner schreibt:

> In dieser Leibhaftigkeit also ist der Ort, an dem jene Liebe und jener Gehorsam sein mussten, damit sie das sind, was sie sein sollten, uns erlösend. Und nur weil sich dieser Vorgang als die Liebe des Sohnes und der Gehorsam des Sohnes in seiner konkreten Leibhaftigkeit vollzog, die wir seinen Tod, seine Passion nannten, in welcher wir von vornherein durch die Einheit der Menschenfamilie mit ihm kommunizieren, mit ihm eine Einheit haben, konnte dieser Vorgang für uns erlösend wirken.
> RAHNER, 53

Wenn wir das in einfacher Sprache ausdrücken, heißt das: Jesu Liebe drückt sich leibhaft aus und wird in einer konkreten Geschichte sichtbar: in der Geschichte der Hinrichtung eines jüdischen Rabbi durch die römische Militärmacht. Weil diese Liebe sichtbar geworden ist, weil sie die Geschichte verwandelt hat, können wir sagen: Durch den Tod Jesu sind wir erlöst.

Die Erwähnung der Person des Pontius Pilatus zeigt zugleich, dass Jesus Opfer politischer Intrigen geworden ist. Er ist in die Mühlen der Macht geraten und davon aufgerieben worden. Darin wird deutlich, dass Jesus auch unsere Geschichte heilen will. Seine Geschichte hat eine Bedeutung für die Geschichte der Menschheit und für unsere eigene Lebensgeschichte. Was damals geschehen ist, hat die Geschichte verwandelt, weil da einer am Kreuz nicht voller Verbitterung und Hass gestorben ist, sondern in Liebe sogar noch für seine Feinde gebetet hat. Hinter dieses geschichtliche Ereignis kann unsere eigene Geschichte nicht zurückgehen. Und so ist die Geschichte Jesu ein Hoffnungszeichen, dass auch in unserer Hass und Macht nicht siegen werden, sondern Vergebung und Liebe. Wenn ich dieses Ereignis in meine persönliche Lebensgeschichte hineinhalte, dann darf ich darauf vertrauen, dass sie auch mein Leben verwandelt und mir einen Weg der Vergebung und Liebe aufzeigt, den ich ohne dieses Ereignis so nicht gefunden hätte.

Das Credo spricht nicht ausdrücklich vom Tod Jesu, er kommt lediglich in dem Wort *crucifixus, gekreuzigt* zur Sprache. Doch Jesus ist einen ganz konkreten Tod gestorben: den schmählichen eines an das Kreuz Genagelten. Dieser Tod war den Verbrechern und Rebellen gegen Rom vorbehalten. Es war ein schmerzlicher und qualvoller Tod. Mozart hat das Wort *crucifixus* so vertont, dass man dieses Festnageln beinahe schon heraushört. Jesus hat sich für uns am Kreuz festnageln lassen, damit wir uns freimachen von den Bildern, mit denen andere uns festnageln wollen.

Das Credo beschreibt den Tod Jesu noch weiter mit den Worten: *passus et sepultus est – er hat gelitten und ist begraben worden.* Vor seinem Tod hat Jesus die Qualen römischer Foltermethoden erlitten und auch sein Tod selbst war mit großem Leiden verbunden. Dann ist er begraben worden, was noch einmal betont wird, nicht nur um den realen Tod zu bezeugen, sondern weil es eine Heilstatsache ist. Wir gedenken ihrer am Karsamstag.

Das Begrabensein Jesu meint, dass er unseren Tod bis zur Neige ausgekostet hat, dass er bis in die Tiefe der Erde – das Apostolische Glaubensbekenntnis spricht vom Abstieg in die Hölle –, bis in die äußerste Finsternis hinabgestiegen ist und alles mit seinem Licht erleuchtet hat. Mozart hat dieses Hinabsteigen auf besondere Weise durch seine Musik deutlich gemacht: Die Melodie, die das Wort *sepultus* begleitet, steigt immer weiter abwärts, in immer tiefere Tonlagen. Hier vollendet sich sozusagen das Hinabsteigen, das schon bei der Menschwerdung – *descendit* – hörbar wurde. Es erreicht die tiefsten Tiefen unseres Menschseins und unserer Erde.

Die Rede vom Begrabenwerden hat jedoch auch einen existenziellen Aspekt. Sie lädt uns ein, alles zu begraben, was uns am Leben hindert, was an uns alt und verbraucht ist, damit neues Leben in uns aufstehen kann.

Im Begrabensein drückt sich zudem aus, dass Jesus wirklich tot war. Und wir sollten dieses »Totsein« auch für uns meditieren. Paulus spricht davon, dass wir für die Sünde tot sein sollen:

> So sollt auch Ihr euch als Menschen begreifen, die für die Sünde tot sind, aber für Gott leben in Christus Jesus.
>
> RÖMER 6,11, VGL. AUCH RÖMER 6,2

Unter den Mönchen war die Übung bekannt, sich vorzustellen, drei Tage lang im Grab zu liegen. Dann fällt vieles von einem ab, woran man hängt. Die Sucht, sich zu beweisen, löst sich auf. Die Konflikte werden relativiert. Die Vorstellung, tot zu sein, lässt die alte Identität sterben, damit man offen wird für eine neue Identität, für das wahre Leben, das frei ist von allen Projektionen.

Die drei Worte – gekreuzigt, gelitten und begraben – sind auch Bilder für unsere eigene Menschwerdung:

Unser Leben wird immer wieder durchkreuzt von Widerfahrnissen, die wir nicht vorhersehen können. Das Durchkreuztwerden will unsere alten Vorstellungen vom Leben und von unserer Identität zerbrechen, damit wir aufgebrochen werden für unser wahres Wesen. Gekreuzigt zu werden heißt, dass wir festgenagelt werden auf ein Bild. Und dieses Bild, auf das uns unsere Umgebung festgelegt hat, wird in der Auferstehung Jesu aufgebrochen. Wir leiden. Aber es gibt wohl kein Leben ohne Leiden. Es gehört zu uns. Wir wissen nicht, warum wir leiden. Die Frage nach dem Warum können wir nicht beantworten. Aber wir können dem Leiden einen Sinn geben, indem wir uns darin unsere Vorstellungen von uns selbst, vom Leben und von Gott zerbrechen lassen.

Auf diese Weise werden wir aufgebrochen für unser wahres Selbst, für neue Möglichkeiten des Lebens und für das unbegreifliche Geheimnis Gottes. Es geht darum, sich mit dem Leiden, das uns von außen trifft, auszusöhnen, es wie Jesus in einen Akt der Liebe, in ein »für« zu verwandeln. Wir können unser Leid bewusst für andere auf uns nehmen. Dann wird das, was uns von außen widerfährt, in Hingabe verwandelt. Darin geschieht Verwandlung des Leids und zugleich Erlösung von der niederdrückenden Kraft des Leids. Zu unserem Leben gehört auch das Grab.

Im Traum taucht dieses Symbol des Grabes oft auf. Es lädt uns dazu ein, Altes zu begraben, damit wir neu werden, damit wir die Identität finden, die unserem wahren Wesen entspricht.

Er ist am dritten Tage auferstanden nach der Schrift

Wir können über den Tod Jesu nur angemessen nachdenken, wenn wir zugleich seine Auferstehung bedenken. Jesus ist nicht im Tod geblieben. Er war nur ein Durchgang für ihn. Dann ist er auferstanden. Im Credo wird an dieser Stelle das aktive Verb »auferstehen« verwendet und nicht das Wort, das die Bibel oft gebraucht: »auferweckt werden«. Beide Worte beschreiben das Geheimnis auch unserer eigenen Auferstehung: Wir sollen immer wieder aufstehen aus dem Grab unseres Selbstmitleids und unserer Opferrolle. Es tut uns nicht gut, in der Opferrolle zu bleiben. Auferstehung heißt: bewusst Abschied von der Opferrolle und unser Leben selbst in die Hand zu nehmen.

Aber auch »auferweckt werden« sagt etwas Wesentliches über unser Menschsein aus. Die Christen sollen »erwachte Menschen« sein, Menschen, die sich von Gott aufwecken lassen aus dem Schlaf der Illusionen, in den sie sich eingelullt haben. Auferweckt zu werden bedeutet, wach durch das Leben zu gehen und als Erleuchtete zu leben. So heißt es in einem altchristlichen Tauflied, das der Epheserbrief zitiert:

> Wach auf, du Schläfer, und steh auf von den Toten,
> und Christus wird dein Licht sein.
>
> EPHESER 5,14

Wie wir uns die Auferstehung konkret vorstellen können, das sagt uns das Credo nicht. Es behauptet einfach die Tatsache, dass Jesus auferstanden ist. Das ist der Grund unseres Glaubens und war auch der Grund des Glaubens der Jünger Jesu. Unter dem Kreuz hatten sie zunächst gar nichts verstanden. Sie waren alle geflohen. Keiner wollte das Scheitern Jesu mit ansehen. Erst als sie dem Auferstandenen begegneten, erkannten sie, dass der Tod Jesu kein Scheitern war, sondern ein Weg zum neuen Leben. Dann dachten sie darüber nach, welche Bedeutung der Tod Jesu wohl haben könnte, und fanden in den biblischen Schriften des Alten Testaments immer wieder Hinweise darauf, dass dieser Tod im Sinne Gottes war, dass Gott den Menschen im Tod und in der Auferstehung Jesu gezeigt hat, dass der Tod auch für sie keine letzte Macht mehr hat.

Zudem fanden sie in der Schrift Hinweise auf die Auferstehung. Das meint der Zusatz im Glaubensbekenntnis: »gemäß der Schrift«. In der Bibel steht nicht wörtlich, dass Jesus von den Toten auferstehen wird. Aber dort ist die Rede davon, dass Gott den Menschen aus der Grube heraufführt, dass er den Frommen nicht die Verwesung schauen lässt (Psalm 16, vgl. Apostelgeschichte 2,27). Die Auferstehung ist also die Erfüllung der Verheißung des erlösenden und befreienden Handelns, das die Propheten im Alten Testament Gott zuschreiben. Es ist die Erfüllung der menschlichen Sehnsucht nach Befreiung und Erlösung, die in den Psalmen immer wieder zum Ausdruck kommt:

> Herr, mein Gott, ich habe zu dir geschrien, und du hast mich geheilt. Herr, du hast mich herausgeholt aus dem Reich des Todes, aus der Schar der Todgeweihten mich zum Leben gerufen.
>
> PSALM 30,3f

Jesus ist in die Erde gelegt worden und am dritten Tag auferstanden. Gregor von Nyssa bringt dann die Taufe mit dieser Zeit im Grab in Verbindung:

> Wenn das Wasser dreimal über uns gegossen wird und wir dann aus dem Wasser aufsteigen, so stellen wir damit das heilsame Begräbnis und die nach drei Tagen vollzogene Auferstehung dar. Wir gehen dabei von dem Gedanken aus, dass das Wasser zu unserer freien Verfügung steht. Es steht uns frei, hineinzutauchen und wieder aufzutauchen. Ähnlich hatte der Herr des Alls es in der Gewalt, nachdem er sich in den Tod hineingetaucht hatte, wie wir uns ins Wasser tauchen, zu der ihm eigenen Glückseligkeit zurückzukehren.
>
> ORATIO CATECHETICA 36,10, ZITIERT NACH STAATS, 251

Die Auferstehung wird also von den Kirchenvätern auf unser Leben bezogen. In der Taufe haben wir Teil an der Auferstehung Jesu. Was in der Taufe geschieht, will jedoch auch immer wieder konkret in unserem Alltag eingeübt werden.

Das Credo lädt uns mit dem Bekenntnis, dass Jesus am dritten Tag auferstanden ist, ein, selbst aufzustehen aus dem Grab unserer Angst, unserer Resignation, unseres Selbstmitleids. Wir sollen aufstehen aus der Rolle der Zuschauer, die alles nur aus einem sicheren Abstand betrachten, jedoch nicht bereit sind, selbst aufzustehen und ihr Leben in die Hand zu nehmen. Statt zuzuschauen sollen wir aufstehen gegen alles, was das Leben behindert. Wir sollen einen Aufstand wagen gegen alles, was das Leben bedroht. Wir bekennen die Auferstehung Jesu, damit wir den Mut finden, immer wieder aufzustehen, wenn wir gefallen sind, wenn wir auf dem Boden liegen und nicht weiter können.

Zudem möchte die Auferstehung Jesu unsere Hoffnung stärken, dass wir, wenn wir sterben, nicht im Tod bleiben werden, sondern durch den Tod hindurch auferstehen werden zu Gott. Uns erwartet nicht ein ewiger Tod, sondern die Auferstehung zum ewigen Leben.

Wenn wir aufstehen aus dem Grab des Selbstmitleids, dann handeln wir gemäß der Schrift, dann haben wir das Wesen der Bibel und ihrer Botschaft verstanden. Und wenn wir glauben, dass wir im Tod in Gott hinein auferstehen, dann ist das die Erfüllung all der biblischen Verheißungen von einem ewigen Fest, von einem ewigen Mahl, zu dem wir geladen sind.

Noch etwas sagt das Wort von der Auferstehung Jesu gemäß der Schrift: Hier wird bestätigt, was das Hohelied der Liebe sagt:

> Stark wie der Tod ist die Liebe.
>
> HOHELIED 8,6

Johannes beschreibt die Begegnung des Auferstandenen mit Maria von Magdala in Bildern der Liebe, die sich auf das Hohelied beziehen. Hier steht die Braut des Nachts auf, um den zu suchen, den ihre Seele liebt (Hohelied 3,1–5). Maria von Magdala stand ebenfalls frühmorgens, als es noch dunkel war, auf, um den zu suchen, den sie so geliebt hat.

Joseph Ratzinger hat in seiner Auslegung der Auferstehung deutlich gemacht, dass die menschliche Liebe immer Unendlichkeit und Unzerstörbarkeit will, dass sie aus sich aber nicht die Kraft dazu hat. Die Auferstehung erfüllt diese Sehnsucht der Liebe:

> Sie *ist* das Stärkersein der Liebe gegenüber dem Tod.
>
> RATZINGER, EINFÜHRUNG IN DAS CHRISTENTUM, 249

Gabriel Marcel, ein französischer Philosoph, sagte einmal:

> Lieben, das heißt zum anderen sagen:
> Du, du wirst nicht sterben.

Die Auferstehung Jesu lässt diesen Satz wahr werden. Sie zeigt uns, dass wir im Tod nicht in das Nichts fallen werden, sondern in die Liebe Gottes hinein, und dass im Tod auch unsere Liebe zu einem anderen Menschen nicht aufhört. Wir werden uns wiedersehen, diese Gewissheit schenkt uns die Auferstehung Jesu, und sie gibt unserer Liebe eine ganz andere Qualität.

Viele tun sich heute schwer, an die Auferstehung Jesu zu glauben. Aber sie verbinden damit auch oft zu konkrete Vorstellungen. Sowohl die Bibel als auch das Credo belassen die Wirklichkeit der Auferstehung auf der Ebene des Geheimnisses. Es geht nicht darum, sich konkret auszumalen, wie das genau war mit der Auferstehung, wie der Leib Jesu das Grab verlassen hat und so weiter.

Als das Credo formuliert wurde, gab es unter den Christen keine Zweifel an der leiblichen Auferstehung Jesu. Sie war der zentrale Glaubenssatz. Doch die griechischen Kirchenväter haben die Auferstehung immer schon als Geheimnis gesehen, das man nur in Bildern auszudrücken vermag.

Manchmal habe ich den Eindruck, dass alles rationalistische Argumentieren gegen die Auferstehung nur eine Abwehr gegen die Verunsicherung ist, die diese Botschaft in unser Weltbild bringt. Wir wollen heute alles kontrollieren, und dazu zählen auch die Geburt und der Tod. Das Geheimnis, das größer ist als wir selbst, zeigt sich uns aber gerade in der Geburt und im Tod.

Das Credo lädt uns ein, uns auf das Geheimnis des Lebens einzulassen. Und zu diesem Geheimnis gehören Geburt, Sterben und Auferstehung.

Er ist aufgefahren in den Himmel

In Bezug auf die Menschwerdung Jesu war im Text des Credo vom Abstieg die Rede. Nun geht es um den Aufstieg, um die »Himmelfahrt«. Das Glaubensbekenntnis überspringt die Überlegungen, wie eine solche Himmelfahrt möglich sein könnte und wie wir sie uns vorzustellen haben. Stattdessen bleibt es beim Bild des Aufstiegs. Nur diese beiden Bilder – Himmel und Aufstieg – sind hier wichtig. Jesus ist zum Himmel aufgestiegen und hat die ganze Menschheit mitgenommen. In seinem Leib trägt er alle Erfahrungen, die er mit den Menschen gemacht hat. Alles, was in uns ist, ist jetzt zusammen mit Jesus im Himmel. Himmel, das ist einfach die Nähe Gottes. Alles ist nun in Gott hinein aufgenommen. Papst Benedikt, damals noch Joseph Ratzinger, definiert den Himmel »als das Sichberühren des Wesens Mensch mit dem Wesen Gott« (Ratzinger, Einführung in das Christentum, 260). Der Mensch ist in Jesus in Gott hineingehoben worden: Das ist die frohe Botschaft von der Himmelfahrt Jesu.

Noch ein anderes Bild spielt hierbei eine Rolle: Die Himmelfahrt Jesu ist auch ein Abschied von seinen Jüngern. Er wandert nicht mehr mit ihnen umher. Er lässt sie allein. Doch in der geistlichen Tradition hat man dieses Verlassen immer als Chance gesehen, dass Jesus nun zum inneren Begleiter wird, auch für uns. Wir folgen ihm nicht mehr äußerlich nach. Wir hören auf ihn, der jetzt in unserem Herzen ist. Daher sollen wir Jesus in uns selbst suchen als den inneren Meister und inneren Arzt. Angelus Silesius hat das verstanden, wenn er uns zuruft:

> Halt an, wo läufst du hin? Der Himmel ist in dir.
> Suchst du Gott anderswo, du fehlst ihn für und für.
>
> CHERUBINISCHER WANDERSMANN, I 82

Mit diesem Vers nimmt Angelus Silesius Bezug auf die Himmelfahrtsgeschichte in der Apostelgeschichte: Als Jesus in den Himmel aufgenommen wurde, schauten die Jünger ihm nach:

> [Da standen] plötzlich zwei Männer in weißen Gewändern bei ihnen und sagten: »Ihr Männer von Galiläa, was steht ihr da und schaut zum Himmel empor? Dieser Jesus, der von euch ging und in den Himmel aufgenommen wurde, wird ebenso wiederkommen, wie ihr ihn habt zum Himmel hingehen sehen.«
>
> APOSTELGESCHICHTE 1,10f

Wir müssen Jesus nicht nachtrauern, ihn nicht allein im Himmel suchen, sondern dort, wo wir sind. Die Worte der beiden Männer in weißen Gewändern entsprechen den Worten, die auch zwei Männer in leuchtenden Gewändern den Frauen zugerufen haben, als sie in das Grab hineingingen und Jesus nicht fanden:

> Was sucht ihr den Lebenden bei den Toten?
> Er ist nicht hier, sondern er ist auferstanden.
>
> LUKAS 24,5f

Wir sollen Jesus weder in der Vergangenheit suchen noch in der Zukunft. Er ist jetzt in diesem Augenblick mitten unter uns und in uns. Wir vermögen ganz im Augenblick zu leben, weil wir wissen, dass wir in eine gute Zukunft hineingehen, dass auf uns der Himmel wartet. Wir sollen Jesus weder im Grab noch im Himmel suchen, sondern auf dem Weg, den wir gehen. Im Evangelium schildert Lukas das in der wunderbaren Erzählung von den Emmausjüngern: Indem wir im Glauben unseren Weg gehen, begegnen wir dem Auferstandenen und erleben wir den, der zum Himmel aufgefahren ist, in unserem eigenen Herzen.

Die Himmelfahrt ist die Bedingung, dass Jesus für uns zum inneren Begleiter wird, der uns in Berührung bringt mit unserem wahren Selbst. Nach Ansicht von C. G. Jung ist Jesus durch die Himmelfahrt zum Archetyp für unser wahres Selbst geworden. Wenn wir auf Jesus schauen, erkennen wir, wer wir sind. Jesus vereint die vielen Bilder, die wir von uns selbst haben, und führt uns zum zentralen Bild in unserer Seele, zum Bild des inneren Selbst. Wir sollen daher nicht zum Himmel aufschauen, sondern in unser eigenes Inneres. Dort finden wir Christus als unseren innersten Kern.

Auf der anderen Seite geht es in dieser Zeile jedoch auch um Aufstieg. Die Mystiker aller Zeiten haben unseren geistlichen Weg als Aufstieg beschrieben. Gregor von Nyssa spricht von einer Stufenleiter, auf der wir von Sehnsucht zu immer tieferer Sehnsucht aufsteigen, Origenes vom Aufstieg der Seele zu Gott. Benedikt nutzt ebenfalls das Bild der Stufenleiter, wie es schon im Traum Jakobs beschrieben ist:

> Er sah eine Treppe, die auf der Erde stand und bis zum Himmel reichte. Auf ihr stiegen Engel Gottes auf und nieder.
>
> GENESIS 28,12

Das Paradoxe dabei ist, dass wir durch Absteigen aufsteigen. Um im Bild zu bleiben: Um aufzusteigen, müssen wir Stufe um Stufe nehmen. Wir können nicht zum Himmel fliegen. Wir müssen die einzelnen Stufen unserer Leidenschaften, unserer Bedürfnisse, unserer Emotionen und Verletzungen betreten, um höher zu steigen. Benedikt spricht von zwölf Stufen der Demut, Johannes Climacus zählt dreißig Sprossen auf seiner Leiter zum Paradies. Bekannt geworden ist vor allem der Aufstieg zum Berge Karmel, wie ihn Johannes vom Kreuz beschreibt.

Allerdings dürfen wir diesen Aufstieg nicht als etwas sehen, was durch menschliche Leistung zu erreichen ist. Vor allem aber dürfen wir unseren spirituellen Weg nicht anschauen und meinen: Ich bin jetzt schon auf der siebten oder neunten oder zwölften Stufe angelangt. Da ist mir wichtig, wie Benedikt dieses Bild versteht: Es geht um ständiges Absteigen und Aufsteigen. Doch das Ziel ist klar: Wir möchten eins werden mit Gott. Dazu müssen wir immer wieder in die Tiefen unserer Seele hinabsteigen, damit alles hinaufgehoben werden kann in Gott hinein.

Dem »aufgestiegen in den Himmel« entspricht die Mahnung des Apostels Paulus:

> Ihr seid mit Christus auferweckt; darum strebt nach dem, was im Himmel ist, wo Christus zur Rechten Gottes sitzt. Richtet euren Sinn auf das Himmlische und nicht auf das Irdische!
>
> KOLOSSER 3,1f

Auf der einen Seite sollen wir den Himmel in uns selbst suchen. Auf der anderen Seite sollen wir unseren Sinn, unser Denken und Fühlen, auf das Himmlische richten. Wir sollen nicht der Erde entfliehen, sondern mitten auf der Erde unseren Weg gehen und dabei unseren Sinn auf das Himmlische, letztlich auf Christus, der zur Rechten Gottes thront, richten.

Der Aufblick zum Himmel erinnert uns an Christus, der diese Erde verlassen hat und nun im Himmel ist. Doch zugleich ist er auch der, der in uns wohnt. So wird unser ganzes Leben ein Absteigen und Aufsteigen sein. Immer wieder sollen wir absteigen in die eigenen Tiefen, um auf dem Grund unserer Seele den Himmel zu finden. Und zugleich sollen wir unseren Sinn mitten in all dem Irdischen auf das Himmlische richten, damit wir nicht festkleben an der Erde, sondern immer das Ziel vor Augen haben: die himmlische Herrlichkeit.

Wir finden jedoch den Mut, in die Abgründe unserer Seele hinabzusteigen, nur, wenn wir uns vorstellen, dass Christus mit uns hinabsteigt und dass er alles in uns ausleuchtet mit dem Licht seiner Liebe. Und wir vermögen nicht aus eigener Kraft zum Himmel aufzusteigen, sondern nur, wenn wir uns von Christus an die Hand nehmen lassen und mit ihm gemeinsam aufsteigen zu Gott, dem Ziel unseres Weges. Das hat die Liturgie verstanden, wenn sie im Halleluja-Vers des Festes Christi Himmelfahrt singt: *Dominus ascendens in altum, captivam duxit captivitatem – Der Herr stieg in die Höhe und führte die Gefangenen mit sich.*

In der Auffahrt zum Himmel nimmt Jesus all das von uns mit, was in sich gefangen ist. Er befreit uns aus der eigenen Gefangenschaft durch unsere Ängste und Zwänge und führt uns in die wahre Freiheit. Alles, was in uns im Dunkel des Gefängnisses in unserer Seele liegt, wird von Christus mitgenommen in den Himmel, damit alles in uns zum Himmel wird.

Er sitzt zur Rechten des Vaters und wird wiederkommen in Herrlichkeit, zu richten die Lebenden und die Toten; seiner Herrschaft wird kein Ende sein

Jesus sitzt zur Rechten des Vaters. Er thront. Jesus verheißt das auch uns:

> Ihr sollt in meinem Reich mit mir an meinem Tisch essen und trinken, und ihr sollt auf Thronen sitzen und die zwölf Stämme Israels richten.
>
> LUKAS 22,30

Wenn wir im Gottesdienst sitzen und das Wort Gottes hören, können wir uns vorstellen, dass wir auf einem Thron sitzen. Wir erahnen im Sitzen unsere königliche Würde. Wir herrschen über uns, anstatt von unseren Bedürfnissen beherrscht zu werden. Das Sitzen ist ein Bild unserer Würde und unserer Freiheit. Dieses Sitzen wird von Jesus zudem mit dem Richten (griechisch *krinein, unterscheiden, scheiden, ordnen, richten*) verbunden. Hier ordnen wir das, was in uns chaotisch ist.

Die zwölf Stämme Israels stehen für alles, was wir in uns vorfinden. Wenn wir im Sitzen teilhaben am Thronen Jesu, dann bringen wir das Chaos in uns in Ordnung und verbinden das miteinander, was auseinanderdriftet.

Wenn wir zur Rechten Gottes sitzen, dann wird in uns alles richtig, ausgerichtet auf Gott, ausgerichtet auf unsere eigene Mitte.

Zunächst sagt diese Zeile des Credo jedoch etwas über Jesus aus: Er ist durch die Auferstehung und Himmelfahrt wieder bei Gott und sitzt zu seiner Rechten. Das verwandelt unser Gottesbild und zugleich unser Bild von Jesus: Jesus ist als Mensch ganz in Gott hineingenommen. Er ist nicht mehr ohne seinen menschgewordenen Sohn denkbar. Die Menschheit Jesu ist in Gott hineingenommen. Sie hat eine ewige Würde bekommen. Wir können nicht mehr an Gott denken, ohne zugleich an Jesus zu denken, der nun zu seiner Rechten sitzt.

Dieses Sitzen ist jedoch nicht etwas Statisches. Jesus, der jetzt in Gott und bei Gott ist, wird wiederkommen in Herrlichkeit. *Gloria* bedeutet *Herrlichkeit, Schönheit, Glanz.* Jesus wird sich in seiner ganzen Schönheit offenbaren. Er wird unsere Sehnsucht nach Schönheit erfüllen. Die Kirchenväter haben in Jesus darum auch den schönsten aller Menschen gesehen. Und sie erwarteten, dass er nun als der Verherrlichte, der voller Glanz und Schönheit ist, zu uns kommen wird. Sein Kommen ist also kein Kommen mit Schrecken, sondern ein Kommen, das unsere Sehnsucht nach Schönheit und Glanz erfüllt.

Dieses Wiederkommen bedeutet andererseits das Ende der Welt. Wir dürfen dieses Bild nicht kosmisch denken, das heißt: Hinter dem Text des Credo steht nicht die Absicht, in die Diskussion darüber einzutreten, ob der Kosmos ewig ist oder nicht. Es ist keine naturwissenschaftliche Aussage, sondern eine Aussage über die Welt des Menschen, die an ein Ende kommt.

Zunächst einmal kommt die Welt für jeden Menschen in seinem Tod an ihr Ende. In meinem Tod ist für mich das Ende der Welt. Da ist alles zu Ende. Wir sollen nicht – wie es manche Sekten tun – ständig über einen möglichen Termin nachdenken, an dem das Ende der Welt gekommen ist. Manche der Menschen, die uns ständig das Ende der Welt predigen, sind mit ihren eigenen Möglichkeiten am Ende. Sie projizieren ihre innere Aussichtslosigkeit in die Welt hinein. Weil sie nichts mehr von ihrem Leben erwarten, erwarten sie das Ende der Welt. Weil für sie alles katastrophal ist, ersehnen sie die Katastrophe der Welt, in der alles zusammenbricht.

Wenn unsere Welt im Tod zu Ende kommt, erwartet uns das Gericht. Wenn wir daran denken, verbinden wir damit oft Vorstellungen von Verurteilung und Gerichtetwerden – ein bedrohlicher Gedanke, den wir gerne von uns wegschieben. Gericht meint jedoch in erster Linie: ausgerichtet werden. Im Tod kommen wir vor das Gericht Jesu. Wir halten Jesus unser Leben hin mit all seinen Höhen und Tiefen und mit unserer Schuld. Wenn wir uns auf das Gericht einlassen, dann richtet uns Jesus auf Gott hin aus. Das Gericht ist die Chance, dass alles, was nicht gut war in unserem Leben, wieder ausgerichtet wird auf Gott. Das ist jedoch ein schmerzlicher Prozess. Wer sich allerdings diesem Gericht entziehen will, richtet sich selbst, verurteilt sich selbst. Er gibt die Hoffnung auf, dass Gott ihn auf sich hin ausrichtet.

Das Credo spricht jedoch auch davon, dass Jesus die Lebenden richtet. Wir alle stehen vor dem Gericht Jesu. Wir alle haben es nötig, uns ausrichten zu lassen auf Gott hin. Denn in uns ist eine starke Tendenz, uns von Gott abzuwenden, unsere eigenen Wege, in die falsche Richtung zu gehen und uns in uns selbst zu verstricken. Das Credo will in diesen Zeilen unseren Blick auf das Gericht wenden. Wir sollen uns in jedem Augenblick immer wieder ausrichten lassen auf Gott hin. Eine Weise, wie dieses Gericht für uns erfahrbar wird, ist unser Gewissen. Es ist der Ort, an dem wir uns von unserem innersten Wissen, von der Weisheit Jesu auf dem Grund unserer Seele her ausrichten lassen auf Gott.

»Seiner Herrschaft wird kein Ende sein«

Im Lateinischen steht hier das Wort *regni*, das sowohl Herrschaft als auch Reich bedeuten kann. Das Reich Gottes, das uns Jesus verkündet und das in ihm aufleuchtet, soll kein Ende haben. Es wird dauern, während die weltlichen Reiche sich auflösen. Wenn wir *regnum* mit Herrschaft übersetzen, dann könnten wir Folgendes dabei vor Augen haben: Wenn Jesus in uns herrscht, dann wird diese Herrschaft kein Ende haben. Der Tod wird diese Herrschaft nicht beenden. Im Gegenteil: Wenn Christus in uns herrscht, dann verliert der Tod seinen Schrecken. Im Tod und nach dem Tod wird dann nur offenbar, was wir schon hier erlebt haben: dass Christus in uns herrscht, dass er alles in uns durchdringt und prägt. Die Herrschaft Jesu in uns ist ohne Ende, sie kann auch durch den Tod nicht beendet werden.

Zugleich ist dieser Satz ein Hoffnungswort für alle, die unter der Herrschaft des Bösen in dieser Welt leiden. Wenn wir in unsere Welt schauen, erschrecken wir, wie viel Macht Menschen in dieser Welt zum Nachteil von vielen ausüben, was oft genug sogar den Tod dieser Menschen bedeutet. Daher sehnen wir uns danach, dass Christus seine Herrschaft ausbreitet und seine Herrschaft ohne Ende sein wird, während die heute mächtigen Herren abdanken müssen. Wir sehnen uns danach, dass alle die Bösen und Frevler sich dem Gericht stellen müssen. Das Gericht wird sie richten. Das entspricht unserem Gespür, das Max Horkheimer einmal als Grundgesetz der menschlichen Sehnsucht beschrieben hat: die Hoffnung, dass die Mörder nicht über ihre Opfer triumphieren können.

Ich glaube an den Heiligen Geist, der Herr ist und lebendig macht, der aus dem Vater und dem Sohn hervorgeht

Nach außen hin könnte man das Credo in drei Teile teilen:

1. Die Aussagen über Gott, den Vater und Schöpfer.
2. Die Aussagen über Jesus Christus.
3. Die Aussagen über den Heiligen Geist.

Man könnte also das Credo als Aussagen über das Geheimnis des dreifaltigen Gottes verstehen. Doch damit würden wir das Credo einseitig dogmatisch auslegen. Das Credo will uns aber das Handeln Gottes beschreiben. Gott hat die Welt erschaffen. Gott ist in seinem Sohn Jesus Christus in diese Welt eingetreten. Jesus Christus hat gelitten, ist gestorben und begraben worden und sitzt nun zur Rechten Gottes. Und Gott wirkt im Heiligen Geist in die Kirche und in unser persönliches Leben hinein. Der dritte Teil des Credo beschreibt uns daher Gottes Wirken heute in uns und in der Kirche. Das bewahrt uns davor, die Kirche »allzu innerweltlich« (Ratzinger, Einführung in das Christentum, 277) zu sehen. Sie ist immer schon vom Heiligen Geist durchdrungen und muss sich immer wieder dem Wirken des Heiligen Geistes öffnen.

Es sind drei Aussagen vom Heiligen Geist, die hier bedacht werden möchten. Der Heilige Geist wird als *dominus* als *Herr* bezeichnet. Das lateinische Wort ist etwas ungenau. Im Griechischen wird der Heilige Geist als *herrschend* beschrieben. Das Wesen des Heiligen Geistes ist, dass er herrschen, dass er wirken und etwas bewirken möchte. Er ist nicht nur eine Gabe Gottes, sondern auch eine Herausforderung. Der Heilige Geist will all die Ungeister aus uns vertreiben, von denen wir oft genug beherrscht werden. Wenn der Heilige Geist in uns herrscht, dann sind wir wahrhaft frei.

Und *dominus* meint, dass der Heilige Geist eine Person ist, wie immer wir uns diese Person vorstellen. Aber er ist nicht nur Neutrum, sondern auch ein Du, das uns gegenübertritt, auch wenn der Geist in uns ist und wirkt.

Die wichtigste Aussage über den Heiligen Geist ist, dass er *lebendig macht*. Der Heilige Geist belebt nicht nur die Kirche, sondern jeden einzelnen Christen. Der Heilige Geist durchdringt uns im Atem. Im Atem atmen wir Gottes Liebesduft ein, sagt ein persischer Mystiker. Der Heilige Geist als *spiritus* ist zugleich der Atem, der uns durchdringt. Und so wie Gott zu Beginn dem Menschen den Lebenshauch eingeatmet und ihn so zum Menschen gemacht hat, so will der Heilige Geist in jedem Augenblick uns den Lebensatem einhauchen, damit wir jetzt lebendig sind. Das ist eine Sehnsucht, dass all das, was in uns erstarrt ist, was nur bloße Routine geworden ist, durch den Heiligen Geist wieder belebt wird, aufblüht und lebendig wird. Überall dort, wo wir uns lebendig fühlen, wirkt der Heilige Geist in uns.

Die dritte Aussage, dass der Heilige Geist vom Vater und vom Sohn (*filioque*) ausgeht, möchte ich nicht dogmatisch auslegen. Diese Aussage führte zu einem heftigen dogmatischen Streit zwischen der Ostkirche und der lateinischen Kirche. Im ursprünglichen Glaubensbekenntnis von Nicäa und Konstantinopel stand das *filioque* nicht. Der Heilige Geist geht vom Vater aus. Dabei hatte das Konzil durchaus im Blick, dass Jesus uns den Heiligen Geist gesandt hat, wie Jesus in Johannes 16,7 sagt.

Doch der Westen verstand offensichtlich die östliche Lehre von der Dreifaltigkeit falsch. Und dann mischten sich in die theologischen Missverständnisse auf einmal politische Gründe. Im Westen war in Karl dem Großen ein zweiter Kaiser der Christenheit entstanden neben dem Kaiser im Osten. Und der meinte, er müsse auch dogmatisch mitmischen.

Der Streit um das *filioque* zeigt, wie sich oft politische Gründe mit theologischen mischen. Und man merkt gar nicht, dass die theologische Diskussion nicht mehr objektiv ist. Daher verzichte ich darauf, mich in die dogmatischen Streitigkeiten zu mischen. Aber ich fände es in Übereinstimmung mit manchen ökumenisch denkenden Theologen gut, wenn wir das *filioque* aus dem Credo streichen, um so auch die Kontinuität mit dem Nicänum zum Ausdruck zu bringen, so wie es ursprünglich war und in der Ostkirche noch heute gebetet wird.

Auch hier gilt für mich der Grundsatz: Die Dogmatik will das Geheimnis offen halten. Wenn es um Rechthaberei geht wie beim Streit um das *filioque*, verlässt die Theologie ihre eigentliche Aufgabe, das Geheimnis zu schützen. Es geht auf einmal um Macht und um Besitz der Wahrheit. Wir sollten immer um das Geheimnis wissen, wie der Heilige Geist aus Gott hervorgeht, um ganz bei uns und in uns zu sein.

Ich möchte daher diesen Satz nur existenziell auslegen. Hier bedeutet diese Aussage dann, dass wir im Heiligen Geist an Gott und an Jesus Christus teilhaben. Gott selbst haucht uns seinen Geist ein.

Und der Heilige Geist ist der persönliche Geist Jesu. Wenn wir die biblischen Erzählungen von Jesus meditieren, wenn wir seine Worte in uns einlassen, dann berührt uns darin Jesu Geist. Und dieser persönliche Geist Jesu ist der Heilige Geist, der von Gott kommt, der Gott selbst ist. Johannes erzählt uns, wie Jesus am Abend des Ostertages zu seinen Jüngern bei verschlossenen Türen kam und ihnen den Frieden gewünscht hat. Dann sagt er zu ihnen:

> Wie mich der Vater gesandt hat, so sende ich euch. Nachdem er das gesagt hatte, hauchte er sie an und sprach zu ihnen: Empfangt den Heiligen Geist!
>
> JOHANNES 20,21f

Jesus haucht seinen Geist den Jüngern ein. Der Heilige Geist ist also der persönliche Geist Jesu, der Geist, der in Jesu Worten und Taten für uns sichtbar wird. Und es ist ein Geist der Vergebung. In der Kraft dieses Geistes vermögen die Jünger Jesu, den Menschen ihre Sünden zu vergeben:

> Wem ihr die Sünden vergebt, dem sind sie vergeben.
>
> JOHANNES 20,23

Der Streit um das *filioque* hat das Wesen des Heiligen Geistes ganz und gar missachtet. Denn das Wesen des Geistes ist Versöhnung und nicht Entzweiung. Doch leider hat gerade die Lehre über den Heiligen Geist und über das unselige *filioque* die Kirche im Jahre

1054 entzweit, als es zum Schisma zwischen der Ost- und Westkirche kam.

Der Heilige Geist sagt auch etwas über den Menschen aus. Der Geist, den wir in uns spüren, ist nicht nur unser Denken, nicht nur unsere Intelligenz. In unserem Geist ist vielmehr schon Heiliger Geist anwesend. In unserem Atem atmen wir nicht nur Sauerstoff ein, sondern letztlich den Heiligen Geist, der alles in uns lebendig macht.

Der Heilige Geist ist die Quelle, aus der wir schöpfen können, ohne erschöpft zu werden. Und der Heilige Geist zeigt uns, dass wir von uns als Menschen nicht sprechen können, ohne zugleich von Gott zu sprechen. Denn in all unserem Denken und Sprechen sind wir schon im Heiligen Geist und vom Heiligen Geist durchdrungen. Wir sind in unserem Wesen schon in Gott verankert.

Der Heilige Geist – so sagt uns Jesus in den Abschiedsreden bei Johannes – wird uns in alle Wahrheit einführen. Er ist die innere Kraft, die in unserer Seele wirkt und die uns innere Klarheit schenkt, die uns in die Wahrheit einführt. Wahrheit meint: Unverborgenheit des Seins, auf den Grund der Welt schauen. Sanford beschreibt die Beziehung zwischen Wahrheit und Heiligem Geist so:

> Wo immer Wahrheit herrscht oder wo sie darauf hinwirkt, sich durchzusetzen, ist der Heilige Geist da. Es gibt eine Wirklichkeit, die in uns am Werk ist – auch wenn wir uns ihrer oft nicht bewusst sind – und die versucht, uns zur Wahrheit zu bringen, zur Wahrheit über unsere Welt, zur Wahrheit über uns selbst, zur Wahrheit über Gott und den Sinn des Lebens.
>
> SANFORD, II 154

Der Heilige Geist bringt alles in uns ans Licht, was ihm widerspricht. Auf diese Weise führt er uns immer mehr zu unserem wahren Selbst und zu Gott. Solange Jesus unter den Jüngern weilte, waren die Jünger in Gefahr, ihre eigene Mitte auf Jesus zu projizieren.

> Solange der Christus leiblich bei ihnen gegenwärtig ist, können die Jünger das größere Geheimnis nicht entdecken, nämlich dass der Heilige Geist in ihnen sie zu dem Christus führt, der in der Seele wohnt und von dem sie niemals getrennt werden können.
>
> SANFORD, II 157

Er wird mit dem Vater und dem Sohn zugleich angebetet und verherrlicht

In diesem Satz wird etwas Eigenartiges vom Heiligen Geist ausgesagt. Er ist nicht nur die göttliche Gabe, die Gott uns schenkt, nicht nur der Atem, den er uns einhaucht, ihm gebührt vielmehr auch das, was dem einen Gott gebührt: die Anbetung und Verherrlichung. Dieser Satz stammt aus der Liturgie.

Der heilige Benedikt lädt die Mönche ein, nach jedem Psalm das »Ehre sei dem Vater und dem Sohn und dem Heiligen Geist« zu beten. Der Heilige Geist soll gemeinsam mit dem Vater und dem Sohn verherrlicht und angebetet werden. Anbetung ist ein Urakt des Menschen. In der Anbetung falle ich vor Gott nieder, weil er Gott ist. Das Paradox der Anbetung ist, dass wir uns selbst vergessen, weil wir ganz und gar von Gott berührt sind. Aber indem wir uns vergessen, sind wir auch ganz präsent. Der Schriftsteller George Bernanos sagt einmal:

> Es ist eine große Gnade sich selbst anzunehmen,
> aber die Gnade aller Gnaden ist, sich selbst vergessen zu können.

Wir sind immer in Gefahr, bei allen Erfahrungen eine Wertung und Beurteilung abzugeben. Wir fragen uns: Was bringt mir diese Erfahrung? Oder wir fragen: Was macht das mit mir? Wie fühle ich mich jetzt? Was erfahre ich jetzt? Doch indem wir die Erfahrung sofort reflektieren, gehen wir aus der Erfahrung heraus. Anbetung heißt jedoch: in der Erfahrung des Berührtseins bleiben, und das Erfahrene nicht kommentieren. Indem ich ganz in der Erfahrung bleibe, bin ich ganz ich selbst. Ich bin frei von dem Druck, mich rechtfertigen zu müssen, etwas vorweisen zu müssen. Ich bin einfach. Anbetung entspricht dem, was Angelus Silesius von der Rose sagt:

> Die Ros' ist ohn Warum:
> Sie blühet, weil sie blühet,
> Sie acht' nicht ihrer selbst,
> fragt nicht, ob man sie siehet.
>
> DER CHERUBINISCHE WANDERSMANN, I 289

Ich falle vor Gott nieder, weil ich niederfalle und weil Gott Gott ist. Wenn wir mit dem Vater und dem Sohn auch den Heiligen Geist anbeten, dann bedeutet das für mich, dass ich dem Heiligen Geist nicht objektiv gegenüberstehe, sondern dass er in mir ist und ich sein Sein in mir nicht kommentiere, sondern einfach in ihm bin. Und der Heilige Geist ist nicht mein Besitz. Er ist wie der Vater und der Sohn unverfügbar. Auch vor ihm falle ich nieder und verneige mich vor seinem unergründlichen Geheimnis.

Der Heilige Geist wird auch mit dem Vater und dem Sohn verherrlicht. In ihm leuchtet Gottes Schönheit auf. Der Heilige Geist ist die Quelle aller Schönheit. Alles, was vom Geist beseelt ist, ist schön. Die Schönheit als die Spur Gottes in dieser Welt hat also mit dem Heiligen Geist zu tun. Dort wo Schönes uns begegnet, begegnet uns der Heilige Geist. Denn schön ist das, was vom Geist durchdrungen ist. Etwas Geistloses erleben wir nicht als schön. Nur das Lebendige, das vom Heiligen Geist zum Leben, zur Blüte Gebrachte, ist für uns schön. Den Heiligen Geist verherrlichen heißt für mich daher, in allem Schönen, das ich wahrnehme, den Heiligen Geist selbst zu erkennen und ihn anzubeten, indem ich mich im Schauen des Schönen selbst vergesse und so vom Glanz des Schönen durchdrungen werde. Das Schöne hat immer auch eine heilende Wirkung. Sich dem Schönen hingeben, tut der Seele gut, bringt die Seele mit ihrer eigenen Schönheit in Berührung.

Der Heilige Geist ist immer auch der heilende Geist. Dabei geschieht die Heilung nicht dadurch, dass mir der Heilige Geist die Krankheit einfach wegnimmt. Heilung geschieht vielmehr, indem ich alle meine Wunden, meine Kränkungen und Verletzungen, meine Narben, meine Hoffnungslosigkeit und Verzweiflung, meine Angst und meine Depression vom Heiligen Geist durchdringen lasse.

Das bedeutet aber, dass ich selbst anschaue, was ich dem Heiligen Geist hinhalte, damit er es durchdringt. Und indem der Heilige Geist in meine Angst eindringt, spüre ich die Angst auch und stelle ich mich ihr.

Nach diesem heilenden Geist sehnen wir uns heute mehr denn je. Denn wir erleben so viel krankmachenden Geist, so viel spaltenden Geist, so viel Ungeist, der uns verwirrt und uns von unserem wahren Selbst wegführt. Der Heilige Geist ist heilend, weil er alles in uns durchdringt und verwandelt und weil er uns durch alles, was wir ihm hinhalten, hindurchführt in den Grund unserer Seele, in dem wir heil sind und ganz. Im Grund der Seele sprudelt in uns die Quelle des Heiligen Geistes, die uns heilt, die uns erfrischt, die uns stärkt und die uns reinigt von allen trübenden Geistern.

Er hat gesprochen durch die Propheten

Im ersten Abschnitt über den Heiligen Geist wird mehr sein Wesen ausgedrückt. Jetzt geht es um das Wirken des Heiligen Geistes. Der Heilige Geist ist immer aktiv. Und eine wichtige Tätigkeit ist, dass er durch die Propheten gesprochen hat. Das heißt: Der Heilige Geist ist schon immer in Gott. Und Gott hat den Heiligen Geist schon vor Christus zu Menschen gesandt, um durch sie etwas Wesentliches von Gott auszusprechen. Er hat im Alten Testament die Propheten gesandt, um durch sie Gottes Botschaften den Menschen zu vermitteln. Diese Botschaften waren teilweise Warnungen und Mahnungen, umzukehren und umzudenken. Zum Teil waren es aber auch wunderbare Verheißungen, die den Menschen, vor allem dann, wenn sie verzweifelt und deprimiert waren, Hoffnung und Trost zugesprochen haben.

Die Kirchenväter sprechen davon, dass es der gleiche Heilige Geist ist, der uns im Alten Testament das Gesetz und die Propheten geschenkt hat und im Neuen Testament die Evangelien und die Apostelbriefe. Der Heilige Geist spricht gerade in den Worten der Heiligen Schrift zu uns.

Der Heilige Geist – so sagen es schon die Kirchenväter und in unserer Zeit das Zweite Vatikanische Konzil – hat aber auch in anderen Religionen zu den Menschen gesprochen. Er hat auch in Buddha oder Mohammed den Menschen etwas vom Geheimnis Gottes mitgeteilt. Aber am klarsten hat sich der Heilige Geist in Jesus Christus ausgesprochen. Jesus ist für die Evangelien der eigentliche Prophet. Im Lukasevangelium wird Jesus als der vom Geist Erfüllte beschrieben. Immer wieder heißt es von Jesus:

> Erfüllt vom Heiligen Geist, erfüllt von der Kraft des Geistes
>
> LUKAS 4,1.14

In der Synagoge von Nazaret liest Jesus den Text aus dem Propheten Jesaja vor, den er auf sich bezieht:

> Der Geist des Herrn ruht auf mir; denn der Herr hat mich gesalbt. Er hat mich gesandt, damit ich den Armen eine gute Nachricht bringe; damit ich den Gefangenen die Entlassung verkünde und den Blinden das Augenlicht; damit ich die Zerschlagenen in Freiheit setze und ein Gnadenjahr des Herrn ausrufe.
>
> LUKAS 4,18f = JESAJA 61,1

Ein Wesensausdruck des Heiligen Geistes ist also, dass er zu uns spricht. Am klarsten spricht er zu uns in Jesus Christus. Da enthüllt er uns das Geheimnis Gottes. Und zum Heiligen Geist gehört die heilende und befreiende Wirkung, die uns in Jesus bei seinen vielen Krankenheilungen begegnet. Aber diese heilende und befreiende Wirkung will auch jetzt an uns geschehen.

In der Taufe sind wir alle zu Propheten gesalbt worden. Prophet ist nicht in erster Linie der, der die Zukunft voraussagt, wie wir es in unserem Sprachgebrauch oft meinen. Prophet ist der, der etwas von Gott ausdrückt, was nur durch ihn zum Ausdruck gebracht werden kann. So sagt uns dieser Satz, dass der Heilige Geist auch durch uns zu den Menschen spricht. Aber wir dürfen uns nicht mit dem Propheten identifizieren. Sonst werden wir blind für unser verdrängtes Bedürfnis von Rechthaberei. Wir würden uns dann über alle andern stellen. Es ist vielmehr immer eine Gabe des Heiligen Geistes, dass wir nicht nur durch unsere Worte, sondern auch durch unsere gesamte Ausstrahlung etwas von Gott in dieser Welt zum Ausdruck bringen.

Wenn wir vom Heiligen Geist sprechen, sprechen wir immer auch von der Würde des Menschen. Unsere Würde besteht darin, dass wir durchlässig sein dürfen für Gottes Geist, dass durch uns der Heilige Geist sprechen kann. Wir besitzen nicht den Heiligen Geist. Er wird uns geschenkt, wenn wir darum bitten. Und nur wenn wir durchlässig werden, wenn wir das Ego zurückstellen, kommen wir in Berührung mit der Quelle des Heiligen Geistes, die in uns sprudelt, und aus der wir auf einmal Worte sprechen können, die wir selbst nicht ausgedacht haben, die einfach in uns auftauchen. Es ist immer ein Geschenk, wenn der Heilige Geist durch uns spricht.

So wird auch in den Aussagen über den Heiligen Geist deutlich: Die Sprache des Credo meint immer zugleich Gott und den Menschen. Vom Heiligen Geist zu sprechen, bedeutet immer auch, richtig vom Menschen zu sprechen und von seiner Fähigkeit, in der Kraft des Heiligen Geistes den Menschen etwas von Gott zu vermitteln und die Menschen zu ihrem wahren Wesen zu führen. Ein guter Therapeut ist der, der durchlässig ist für den Heiligen Geist und im Heiligen Geist erkennt, was der Klient braucht, und der dann offen ist für die Worte, die der Geist ihm eingibt.

Aber wie im Alten Testament gibt es auch heute falsche Propheten. Schon Jesus warnt seine Jünger in der Bergpredigt:

> Hütet euch vor den falschen Propheten; sie kommen zu euch wie harmlose Schafe, in Wirklichkeit aber sind sie reißende Wölfe. An ihren Früchten werdet ihr sie erkennen.
>
> MATTHÄUS 7,15f

Dieses Wort gilt auch heute noch. An den Früchten erkennt man, ob einer ein Prophet ist, durch den der Heilige Geist spricht, oder aber ein falscher Prophet. Die Frucht des Heiligen Geistes – so sagt uns Paulus im Galaterbrief – ist:

> Liebe, Freude, Friede, Langmut, Freundlichkeit, Güte, Treue, Sanftmut und Selbstbeherrschung.
>
> GALATHER 5,22f

Nicht allein an den Worten erkennt man, ob jemand aus dem Heiligen Geist spricht oder nicht, sondern an seinen Taten, an seiner Ausstrahlung. Wer für sich den Heiligen Geist in Anspruch nimmt, wer damit angibt, vom Heiligen Geist berufen zu sein, in dem spricht das eigene Ego, aber nicht der Heilige Geist. Nur in einem demütigen Menschen, der sich seiner eigenen Begrenzung bewusst ist, vermag der Heilige Geist zu sprechen.

Der Heilige Geist wirkt auch heute durch Menschen. Das Ziel des Heiligen Geistes ist, diese Welt zu verwandeln. Im Alten Testament erhofft man, dass der Heilige Geist die Wüste in ein Paradies verwandelt, dass er das erstorbene Volk zu neuem Leben erweckt und ihm ein neues Herz schenkt (vgl. Kasper, 75). Walter Kasper meint, der Heilige Geist spreche vor allem auch durch die Künstler. Er meint:

> Im Kunstwerk wird ... etwas von dem vorweggenommen, was der christliche Glaube als Werk des Heiligen Geistes erhofft: die Verklärung der Wirklichkeit.
>
> KASPER, 72

Und der Heilige Geist wirkt durch Journalisten, durch Philosophen und Politiker, wenn sie auf das Drängen des Heiligen Geistes hören und es in einer neuen Sprache zum Ausdruck bringen. Das Ziel des Heiligen Geistes ist immer die Verwandlung der Wirklichkeit. Sie geschieht durch die Sprache, durch die Kunst, durch die Begegnung, aber auch durch die Tat. Und sie geschieht vor allem »in der Verwandlung des menschlichen Herzens« (Kasper, 75). Ein Kennzeichen des Heiligen Geistes ist immer das Überströmen von Liebe und Gnade. Der Heilige Geist zeigt sich dort, »wo immer Leben geweckt wird und Wirklichkeit ekstatisch über sich hinausdrängt, wo Seiendes sich überschreitet, im geschichtlichen Suchen und Streben der Menschen und Völker« (Kasper, 81).

Ich glaube die eine, heilige, katholische und apostolische Kirche

Dieser Satz wurde leider oft triumphalistisch missbraucht. Im Mittelalter fühlte sich die römische Kirche als die eine, heilige, katholische und apostolische Kirche. Doch die frühe römische Tradition der ersten Jahrhunderte hat die Kirche nie vergöttlicht. Das zeigt sich schon, dass die lateinische Fassung das griechische *eis*, lateinisch: *in*, beziehungsweise deutsch *an* vor der Kirche weggelassen hat.

Man kann nicht an die Kirche glauben, wie man an Gott glaubt, sondern man kann sie nur als Entfaltung des Glaubens an den Heiligen Geist annehmen. Doch auch dieses Vertrauen ist uns heute eher verloren gegangen. Mozart vertont diesen Satz noch voller Vertrauen in die Kirche. Schubert weigerte sich, diesen Satz bei seinen Credo-Kompositionen zu berücksichtigen. Mozart hatte den Erzbischof von Salzburg nicht in guter Erinnerung. Trotzdem hat er am Geheimnis der Kirche festgehalten. Schubert konnte diesen Glauben so nicht mehr aufbringen. Wir können Schubert heute gut verstehen. Wenn wir um die Missstände in der Kirche wissen, fällt es uns schwer, so zu singen. Doch was haben uns diese Worte heute zu sagen?

Dieser Satz spricht nicht von der römischen Kirche, sondern von der Kirche allgemein. Dieser Satz wurde ja vor jeder Kirchenspaltung formuliert. Und er beschreibt wesentliche Merkmale der Kirche.

Heute werden wir diese Merkmale anders auslegen als zu der Zeit, in der das Glaubensbekenntnis entstanden ist. Aber auch heute drücken diese vier Attribute etwas Wesentliches von der Kirche aus, die durch das Wirken Jesu entstanden ist. Und diese Aussagen haben uns etwas zu sagen. Sie tragen etwas bei zu unserer Selbstwerdung.

Wir glauben an die *eine* Kirche. Die Grunderfahrung des Paulus und der frühen Kirche war, dass durch Jesus die Menschen verschiedenster Stände und Kulturen miteinander eins geworden sind. Paulus drückt das so aus:

> Es gibt nicht mehr Juden und Griechen, nicht Sklaven und Freie, nicht Mann und Frau; denn ihr alle seid »einer« in Christus Jesus.
>
> GALATHER 3,28

Das meint die eine Kirche, dass Menschen in dieser zerrissenen Welt miteinander eins werden können, wenn sie sich gemeinsam um Christus scharen. Dann hören alle sozialen und religiösen Unterschiede auf. Dann entsteht Einheit.

Das war die faszinierende Erfahrung der frühen Kirche, dass Juden und Griechen, Männer und Frauen, Arme und Reiche, Junge und Alte miteinander eins geworden sind, dass sie die eine christliche Gemeinde bilden konnten. Das hat die Menschen damals berührt. Das war etwas Neues in der zerstrittenen Welt von damals. Und es ist auch eine Verheißung für uns, dass wir trotz aller Kräfte, die auseinanderdriften, fähig zur Einheit sind.

Heute will uns dieses Wort sagen, dass trotz der getrennten Kirchen und der Vielzahl von kirchlichen Gemeinschaften eine Einheit im Glauben besteht. Im Tiefsten sind alle miteinander eins, ob römisch-katholisch, ob orthodox, ob lutherisch oder reformiert, ob methodistisch oder baptistisch oder Freikirchen. Trotz aller Verschiedenheit gibt es ein Band, das uns zusammenhält. Das ist Christus selbst, der uns eins macht.

Es fällt uns heute schwer zu sagen, dass die Kirche *heilig* ist. Missbrauchsskandale, autoritäre Verhaltensweisen, Versagen von Priestern und Bischöfen, all das verleidet es uns, von der heiligen Kirche zu sprechen. Doch heilig ist nicht ein moralischer Begriff. Er meint nicht, dass die Priester und Bischöfe alle moralisch hochstehende Menschen sind. Sie sind genauso Bettler und Sünder wie wir alle. Aber trotzdem ist die Kirche heilig, weil sie von Christus heilig gemacht wird. Heilig meint nicht die perfekte oder reine Kirche. Heilig ist ursprünglich das, was der Welt entzogen ist, worüber die Welt keine Macht hat. Das bekennen wir: Die Kirche ist ein Raum des Heiligen, der heilsam für uns ist. Denn in diesem Raum hat die Welt mit ihren Maßstäben keine Macht über uns.

Max Horkheimer gesteht den Kirchen eine wichtige Funktion zu: Sie sollen in der Gesellschaft die Sehnsucht nach dem ganz anderen wach halten. Damit leisten sie einen wichtigen Beitrag zur Humanisierung der Gesellschaft. Denn die Gesellschaft hat aus sich heraus immer totalitäre Züge. Sie möchte Zugriff zum ganzen Menschen. Wir kennen diese Tendenz heute, wenn wir vom »gläsernen Bürger« sprechen, wenn wir von der Tendenz hören, über alles Bescheid zu wissen.

Die Kirche bietet in der Welt einen heiligen Raum, in dem wir aufatmen können, in dem wir frei sind. Und die Kirche erinnert uns daran, dass in jedem von uns ein heiliger Raum ist, über den die Welt nicht verfügen kann. Dieser innere heilige Raum schützt unsere

Würde. Die Kirche hat die Aufgabe, das Heilige in den Menschen zu schützen, damit er im heiligen Raum aufatmen kann, in einem Raum der Freiheit und Weite.

Katholisch meint nicht die römisch-katholische Kirche. Katholisch ist ein griechisches Wort: *katholikos*, das *allumfassend* bedeutet. Um das Jahr 450 definierte der Kirchenvater Vinzenz von Lérins, katholisch sei »jener Glaube, der ›überall, immer, von allen geglaubt wurde‹«. David Steindl-Rast kommentiert diesen Satz so:

> »Alle« bedeutete damals alle Christen, heute aber ist unser Horizont weiter geworden. Dürfen wir da gläubige Nicht-Christen noch ausschließen?
>
> STEINDL-RAST, 190

Katholisch meint also nicht die römische Teilkirche. Denn eine Teilkirche katholisch zu nennen, widerspricht der Wortbedeutung. Katholisch bedeutet die Gemeinschaft aller gläubigen Menschen, ob sie nun christlich sind oder nicht. Und so meint David Steindl-Rast:

> Der katholische Glaube ist nicht eine Unterart des christlichen Glaubens, sondern der christliche Glaube ist eine Unterart des katholischen (das heißt der ganzen Menschheit gemeinsamen) Glaubens.
>
> STEINDL-RAST, 190

Es gibt einen schönen Text von Cyrill von Jerusalem, der beschreibt, was katholisch heißt:

> Die Kirche heißt katholisch, weil sie auf dem ganzen Erdkreis, von dem einen Ende bis zum anderen, ausgebreitet ist, weil sie allgemein

und ohne Unterlass all das lehrt, was der Mensch von dem Sichtbaren und Unsichtbaren, von dem Himmlischen und Irdischen wissen muss, weil sie das ganze Menschengeschlecht, Herrscher und Untertanen, Gebildete und Ungebildete, zur Gottesverehrung führt, weil sie allgemein jede Art von Sünden, die mit der Seele und dem Leib begangen werden, behandelt und heilt, endlich, weil sie in sich jede Art von Tugend, die es gibt, besitzt, mag sich dieselbe in Werken oder Worten oder irgendwelchen Gnadengaben offenbaren.

CATECHESIS XVIII,23, ZITIERT NACH STAATS 268

Hier spürt man etwas von der Faszination, das das Wort »katholisch« auf die frühen Christen ausgeübt hat. Es meint nicht nur, dass die Kirche auf dem ganzen Erdkreis gegenwärtig ist, sondern dass sie alle Menschen zu Gott führt. Katholisch bedeutet, dass in der Kirche – durch die Begegnung mit Jesus Christus – alles, was im Menschen ist, verwandelt werden kann, dass alle seine Wunden geheilt werden, dass der Menschen in der Kirche alles erfährt, was für ihn heilsam ist. Katholisch hat also etwas zu tun mit »allumfassend, ganzheitlich, ganz werden, heil werden«.

Für mich bedeutet katholisch: dass wir als Christen alle religiösen Traditionen betrachten und die Sehnsucht, die in ihnen steckt, aufgreifen, indem wir sie auf Christus ausrichten. Die Weisheit der frühen Kirche bestand ja darin, dass sie etwa die heidnischen Rituale der Römer oder der Kelten nicht ausgerottet hat, sondern sie getauft hat, ihnen eine christliche Bedeutung gegeben hat. So hat sie alle Sehnsucht, die in diesen Ritualen zum Ausdruck kam, aufgegriffen und so gedeutet, dass Christus sie letztlich erfüllt.

Katholisch meint also einen angstfreien Umgang mit anderen christlichen Konfessionen, aber auch mit anderen Religionen. Wir vermischen die Traditionen nicht, sondern wir greifen ihre Sehnsucht auf und sehen sie in Christus erfüllt. Christus fasst alles zusammen, was im Himmel und auf Erden ist. Das drückt der Hymnus im Kolosserbrief aus:

> Gott wollte mit seiner ganzen Fülle in ihm wohnen, um durch ihn alles zu versöhnen. Alles im Himmel und auf Erden wollte er zu Christus führen, der Frieden gestiftet hat am Kreuz durch sein Blut.
>
> KOLOSSER 1,19f

Katholisch hat aber für mich auf der existenziellen Ebene noch eine andere Bedeutung. Katholisch meint, dass ich alles, was in mir ist, annehme und in mein Leben integriere. Für mich drücken das zwei biblische Symbole aus:

Einmal das Bild des Kreuzes. Am Kreuz umarmt Jesus die ganze Schöpfung. Wenn ich mich in der Gebärde des Kreuzes hinstelle, die Arme weit ausgebreitet, dann kann ich mir vorstellen, dass alles, was im Kosmos ist, auch in mir ist. Ich umarme alles, was in der Welt und in mir ist. Ich integriere alles, weil alles in mir auch von Jesu Liebe umarmt ist. Das schenkt mir ein Gefühl von Weite und Freiheit. Ich habe vor nichts Angst. Ich muss nichts verdrängen, weil alles von der Liebe Christi umarmt ist.

Das andere Bild wird im Gleichnis Jesu vom Gastmahl deutlich. In der Fassung des Lukasevangeliums lädt Gott zum Gastmahl – ein Bild für die Ganzwerdung des Menschen, für das Einswerden des Menschen mit Gott – nicht nur die Angesehenen ein, sondern vor allem »die Armen und die Krüppel, die Blinden und die Lahmen« (Lukas 14,21). Gerade das Armselige in mir, das was ich bei mir nicht anschauen möchte, das will von Gottes Liebe durchdrungen werden, das will eingeladen werden zum Gastmahl der Ganzwerdung. Und der Herr gibt den Befehl:

> Geh auf die Landstraßen und vor die Stadt hinaus und nötige die Leute zu kommen, damit mein Haus voll wird.
>
> LUKAS 14,23

Auch das, was außerhalb unseres Bewusstseins (das meint das Wort *Stadt*) liegt, was an den Rändern unseres Lebens ist, all das soll integriert werden, damit wir ganz werden, damit wir wahrhaft »katholisch« werden. Es ist also ein Begriff von Weite und Freiheit. Und es drückt das Vertrauen aus, dass alles, auch das Heidnische, was außerhalb unseres frommen Bereiches liegt, in unser Menschsein integriert und von Jesu Geist verwandelt werden kann.

Apostolisch meint, dass die Kirche auf dem Fundament der Apostel aufgebaut ist. Sie geht zurück bis auf die Apostel, die Jesus selbst ausgewählt hat, um seine Botschaft in die ganze Welt zu tragen. Mit apostolisch bedenken wir die Wurzeln unseres Glaubens. Wir bekennen die Kontinuität in unserem Glauben. Unser Glaube ruht auf dem Glauben der Jünger. Weil die Jünger den Auferstandenen gesehen und an ihn geglaubt haben, können wir an die Auferstehung Jesu glauben. Wir vertrauen den Worten, die uns die Jünger überliefert haben. Und wir vertrauen ihrer Art, wie sie Jesus interpretiert haben. Wir wissen, dass wir nur durch den Glauben der Apostel zu Jesus vorstoßen können. Wir müssen dem Bild vertrauen, das sie uns von Jesus gezeichnet haben. Es ist das Bild, das seiner Wirklichkeit und seinem innersten Geheimnis entspricht. Apostolisch ist aber auch eine Herausforderung, unseren Glauben immer wieder zu vergleichen mit dem Glauben der Apostel und uns vom Glauben der Apostel infrage stellen zu lassen, damit wir nicht unser eigenes Glaubensgebäude nach unserem Gutdünken errichten.

Ich bekenne die eine Taufe zur Vergebung der Sünden

Das vierte Mal verwendet das Credo das Wort *unum – ein*. Es spricht von der *einen Taufe – unum baptisma*. Wir glauben an den einen Gott, den einen Herrn Jesus Christus und die eine Kirche. Und dann heißt es statt glauben: Ich bekenne die eine Taufe. Die Taufe ist Ausdruck des Glaubens. Aber ich kann nicht an die Taufe glauben. Ich kann sie nur bekennen. Doch alle vier Bereiche werden mit dem Wort »ein« verbunden.

Jedes Mal will das »eine« nicht eine Ausschließlichkeit ausdrücken, sondern die Hoffnung auf Einheit. Die eine Taufe verbindet uns Christen alle mit Jesus Christus, sie macht uns in Christus schon eins. Die meisten christlichen Kirchen haben ihre Taufe gegenseitig anerkannt. Darin kommt etwas vom Geheimnis der einen Taufe zum Ausdruck.

Aber in dem »ein« kommt immer auch die Sehnsucht zum Ausdruck, dass wir als Menschen mit uns selbst eins werden. Und indem wir mit uns eins werden, werden wir auch fähig, miteinander eins zu werden. Eins werden bedeutet, dass alles in uns miteinander verbunden wird, dass nichts abgespalten wird.

In der frühen Kirche meinte die »eine Taufe« auch, dass die Taufe nur einmal gespendet werden kann. Die »eine« Taufe genügt, den Menschen rein zu waschen. Und die Taufe verbindet den Menschen ein für allemal mit Jesus Christus. Cyrill drückt das so aus:

> Man kann die Taufe nicht zwei- oder dreimal empfangen. Andernfalls könnte man ja sagen: Was ich das erste Mal nicht erreiche, gelingt mir das zweite Mal.
>
> PROCATECHESIS 7, ZITIERT NACH STAATS, 271

Die Taufe wird zur Vergebung der Sünden gespendet. Das zeigt uns den Weg auf, wie wir eins werden können mit uns selbst und miteinander. Die Sünde ist im Griechischen »hamartia« und das meint: Verfehlen des Ziels, an sich selbst vorbeileben. Das deutsche Wort »Sünde« kommt von »sondern«. Die Sünde sondert uns ab von unserem wahren Wesen und sie isoliert uns von den Menschen. Paul Tillich, der evangelische Theologe, nennt die Sünde Entfremdung. Wir sind entfremdet von unserem wahren Wesen. David Steindl-Rast führt diese Entfremdung noch weiter:

> Sie entfremdet uns unserem wahren Selbst; sie entfremdet uns unserer Mitwelt und Umwelt; und sie entfremdet uns unserem göttlichen Wesensgrund.
>
> STEINDL-RAST, 201

Die Vergebung löst die Entfremdung auf. Ich komme wieder in Berührung mit mir selbst und mit den Menschen und mit dem göttlichen Wesensgrund.

Paul Tillich nennt die Vergebung: Annahme des Unannehmbaren. Das ist ein schönes Bild für das Einswerden. Wir können nur eins werden mit uns selbst, wenn wir das, was wir selbst als unannehmbar empfinden, annehmen können. Die Bibel sagt uns, dass wir diese Fähigkeit nur dann haben, wenn wir an die Vergebung Gottes glauben, wenn wir vertrauen, dass Gott all das Unannehmbare in uns annimmt. Die Vergebung ist aber auch die Bedingung, dass wir eins werden miteinander. Die Sünde trennt uns voneinander. Ohne Vergebung ist keine menschliche Gemeinschaft möglich. Denn es gibt immer wieder Verfehlungen, die uns verletzen. Wenn wir sie nicht vergeben, lassen wir uns von den Verletzungen bestimmen und sondern uns von den andern ab. Ja, oft genug bekämpfen wir dann die andern. Nur wenn wir die Verfehlungen des andern vergeben, wenn wir sie bei ihm lassen, werden wir fähig, Gemeinschaft mit ihm zu erfahren. Allerdings bedeutet Vergebung nicht, dass ich dem andern gleich um den Hals fallen kann. Zunächst ist es ein Akt der Befreiung von der Macht des andern. Aber indem ich frei bin, bin ich auch fähig, auf den andern zuzugehen.

David Steindl-Rast nennt den Gegenpol der Entfremdung »Zugehörigkeit«. Und er meint:

> Vergebung stellt auf allen Ebenen Zugehörigkeit wieder her. Jede Verweigerung von Zugehörigkeit verwundet eine Welt, in der alle mit allen verbunden und voneinander abhängig sind. Vergebung heilt diese Wunde.
>
> STEINDL-RAST, 201f

Die Vergebung schafft wieder Verbindung zwischen den Menschen und ermöglicht so einen Weg zur Einheit unter den Menschen.

Taufe ist aber noch in anderer Hinsicht ein wichtiges Bild für das Gelingen unserer Selbstwerdung. Zum einen erfahren wir in der Taufe, dass wir bedingungslos von Gott angenommen und geliebt sind. Karl Frielingsdorf hat in seinem Buch *Vom Überleben zum Leben* dargestellt, dass viele Kinder nur bedingte Daseinsberechtigung erfahren: Du darfst sein, wenn du brav bist, pflegeleicht, angepasst, erfolgreich, perfekt bist. Doch solche bedingte Daseinsberechtigung führt dazu, dass das Kind Strategien des Überlebens entwickelt. Es sagt nie seine Meinung, nur damit es überall beliebt ist. Es leistet, damit es gesehen wird. Aber das ist nur Überleben. Leben wird nur möglich, wenn wir uns bedingungslos angenommen wissen. Das erfahren wir in der Taufe, wenn Gott uns zusagt:

> Du bist mein geliebter Sohn, du bist meine geliebte Tochter,
> an dir habe ich mein Gefallen.
>
> VGL. MARKUS 1,11 UND LUKAS 3,22

Zum anderen geschieht die Taufe durch das Übergießen von Wasser. Die Taufe ist also ein Reinigungsritual. Es ist ein Urbedürfnis des Menschen, gereinigt zu werden von dem, was ihn beschmutzt, befleckt, unrein macht. Die Sünde hat die Tendenz, uns zu beflecken. Wir fühlen uns dann schmutzig. Das Wasser der Taufe reinigt uns von allen Verunreinigungen durch die Sünde. Aber nicht nur die Sünde verunreinigt uns, sondern auch die Projektionen, die andere auf uns werfen. Oft sehen die Eltern das Kind nicht in seiner Einmaligkeit. Sie projizieren vielmehr ihre eigenen verdrängten Wünsche auf das Kind, das stellvertretend für sie diese Wünsche leben soll. Oder aber sie projizieren ihre unterdrückten Bedürfnisse auf das Kind und sehen im Kind den Sündenbock. Das Kind lebt ihre Schattenseiten. Diese Projektionen sind wie Verunreinigungen, wie Trübungen, die das Selbstbild des Kindes verdunkeln. Diese Trübungen soll das Wasser der Taufe abwaschen.

Die Taufe ist daher nie nur ein Geschehen am Kind, sondern immer auch an den Eltern und an den Menschen, die dem Kind begegnen.

Sie ist die Einladung an die Eltern und Verwandten, immer wieder die eigenen Projektionen loszulassen und den einmaligen Glanz in diesem Kind zu sehen, das einmalige und unberührte und unverfälschte Bild Gottes in diesem Kind zu erkennen.

Das Wasser der Taufe hat noch eine andere Bedeutung. Wenn das Kind mit Wasser übergossen wird, ist das ein Bild für den Heiligen Geist. Das Kind möge ganz vom Heiligen Geist durchdrungen werden. Und der Heilige Geist möge im Kind wie eine sprudelnde Quelle sein, die nie versiegt. Das Kind möge nie austrocknen, sein Leben nie zur leeren Routine werden. Es möge vielmehr immer aus der inneren Quelle des Heiligen Geistes schöpfen, die nie erschöpft wird, weil sie göttlich ist. In der Taufe wird das Wirken des Heiligen Geistes konkret sichtbar.

Wenn wir uns an die eigene Taufe erinnern, erahnen wir, was der Heilige Geist an uns wirkt: Er wird für uns zur sprudelnden Quelle, die uns immer erfrischt und stärkt auf unserem Weg. Und der Heilige Geist reinigt uns von allen Trübungen, sowohl von den Trübungen der Sünde, in der wir unser Leben verfehlen, als auch von den Trübungen, die durch die Projektion anderer Menschen in uns entsteht.

Ich erwarte die Auferstehung der Toten und das Leben der kommenden Welt

Das Credo schließt nicht mit einem Glaubenssatz, sondern mit einem Satz der Erwartung und Hoffnung. Aber diese Erwartung gehört wesentlich zu unserem Glauben. Hier steht nicht, dass wir an die Unsterblichkeit der Seele glauben. Das wäre ein theoretischer Glaubenssatz. Unser Leben ist vielmehr geprägt von Hoffnung und Erwartung, von der Sehnsucht nach Vollendung. Das lateinische Wort *exspecto* bedeutet ursprünglich: *Ausschau halten, hinausschauen*. Ich schaue also hinaus aus dieser Welt. Ich schaue auf in eine andere Welt. Ich schaue auf das, was auf mich zukommt. In diesem Sinne kann es dann auch warten bedeuten. Ich schaue aus nach der Auferstehung der Toten und halte Ausschau nach dem Leben der kommenden Welt.

Die Erwartung der Auferstehung der Toten ist etwas anderes als der Glaube an die Unsterblichkeit der Seele. Die hoffende Erwartung ist Ausdruck des Glaubens. Die Unsterblichkeit der Seele ist eine philosophische Ansicht, wie sie vor allem Platon entfaltet hat.

Auferstehung der Toten meint, dass ich als einmalige Person in Gott hinein gerettet werde. Meine Seele löst sich nicht auf in einem Meer der Unendlichkeit, sondern ich als Mensch, als diese einmalige Person, werde auf ewig in Gott sein.

Den Unterschied zwischen der Auferstehung der Toten und der griechischen Auffassung von der Unsterblichkeit der Seele sieht Ratzinger so:

> Unsterblichkeit ergibt sich nicht einfach aus der Selbstverständlichkeit des Nicht-sterben-Könnens des Unteilbaren, sondern aus der rettenden Tat des Liebenden, der die Macht dazu hat: Der Mensch kann deshalb nicht mehr total untergehen, weil er von Gott gekannt und geliebt ist.
>
> RATZINGER, EINFÜHRUNG IN DAS CHRISTENTUM, 292

Daher spricht Ratzinger von einer dialogischen Unsterblichkeit. Die Beziehung zwischen Gott und dem Menschen kann nicht aufgelöst werden, weil Gott den Menschen ewig liebt. Daher werden wir im Tod aus dieser Liebe nicht herausfallen.

Im älteren Apostolischen Glaubensbekenntnis ist von der Auferstehung des Fleisches die Rede. In der christlichen Tradition sprechen wir von der Auferstehung mit Leib und Seele. Der Leib ist der Gedächtnisspeicher für alle unsere Erfahrungen. Jede tiefe Erfahrung geht über den Leib: die Liebe, die Freude, der Schmerz, das Leid, das Glück. Alles empfinden wir leibhaft. Die Auferstehung der Toten meint: dass all das, was wir erfahren haben, was sich in unserem Leib gespeichert hat, in Gott hinein vollendet wird. Und der Leib ist Bild für die Person. Ich als diese einmalige Person werde ewig in Gott vollendet sein. Ich werde eins mit Gott und in Gott eins mit mir selbst und eins mit allen anderen Menschen. Wie das konkret aussehen soll, sagt weder das Credo, noch können wir es uns vorstellen. Es ist eine Frage des Glaubens. Wir sollen den Bildern trauen und zugleich wissen, dass die Wirklichkeit des ewigen Lebens jenseits aller Bilder ist.

Die Erwartung des ewigen Lebens, oder wie es im Credo heißt: des Lebens der kommenden Welt, ist hier und jetzt schon heilsam für uns. Sie verwandelt unser Leben hier. Wir sind nicht fixiert auf das, was uns vor den Füßen liegt. Wir haben einen größeren Horizont. Und wir haben noch etwas zu erwarten. Wir brauchen nicht alles hier schon zu erleben. Wir müssen unser Leben nicht zustopfen mit allem Möglichen, was uns in den Sinn kommt. Das Ausschauhalten nach der kommenden Welt lässt uns ganz gegenwärtig in dieser Welt leben, gelassen und voller Hoffnung und Vertrauen.

C. G. Jung sagt einmal, der Glaube an das ewige Leben tut der menschlichen Seele gut. Als Psychologe – so sagt er – kann er das ewige Leben nicht beweisen. Aber als Psychologe weiß er um die Weisheit der Seele. Und die Weisheit der Seele weiß, dass mit dem Tod nicht alles aus ist. Wer gegen die Weisheit der Seele verstößt, indem er immer neue rationale Argumente dagegen anführt, der wird ruhelos und rastlos und neurotisch. Daher ist es gesund, an ein Leben nach dem Tod, an ein kommendes Leben zu glauben. Jung verzichtet auch darauf, sich dieses kommende Leben konkret auszumalen. Es gilt daran zu glauben und zugleich das Geheimnis zu belassen. Noch eine andere Einsicht von Jung: Ab der Lebensmitte bleibt nur der lebendig, wer zu sterben bereit ist. Und nur wer im Tod ein Ziel sehen kann, vermag sich selbst loszulassen. Wer sich krampfhaft am Leben festklammert, der erstarrt innerlich.

Trotz dieser Gedanken des großen Schweizer Psychologen tun sich heute viele Menschen schwer mit der Vorstellung vom ewigen Leben. Sie erwarten nichts mehr. Doch wer nichts erwartet, der muss alle seine Erwartungen schon hier erfüllen. Aber es geht bei der Erwartung des Lebens der kommenden Welt nicht nur um eine Erwartung für die Zukunft. Vielmehr ist das ewige Leben – das Leben der anderen, der kommenden Welt – schon jetzt in dieser Welt und in unserer Zeit erfahrbar. Ratzinger definiert das ewige Leben so:

> Das ewige Leben ist jene Weise des Lebens mitten in der Gegenwart unserer irdischen Existenz, die durch den Tod nicht betroffen wird, weil sie über ihn hinausreicht.
>
> RATZINGER, DAMIT GOTT ALLES IN ALLEM SEI, 132

Wenn ich jetzt schon von Gottes Geist durchdrungen bin, dann darf ich vertrauen, dass ich auch im Tod nicht aus Gott herausfallen werde. Das hat Origenes so ausgedrückt:

> Schiene es nicht gottlos, anzunehmen, dass ein Geist, der gottesfähig ist, der Substanz nach zugrunde gehen könnte?
>
> ZITIERT IN RATZINGER, DAMIT GOTT ALLES IN ALLEM SEI, 123f

Vom Geist Gottes durchdrungen sein heißt zugleich: ganz und gar von der Liebe geprägt sein. Und so kann Ratzinger ewiges Leben auch von der Liebe her definieren:

> Ewiges Leben ist jene neue Qualität von Existenz, in der alles in das Jetzt der Liebe zusammenfließt, in die neue Qualität des Seins, die von der Zerstückelung der Existenz im Davonlaufen der Augenblicke erlöst ist.
>
> RATZINGER, DAMIT GOTT ALLES IN ALLEM SEI, 128

Wenn wir im Credo das Leben der künftigen Welt erwarten, erwarten wir hier schon eine neue Qualität des Lebens, ein Leben, das von Liebe geprägt ist und das von Gottes Geist ganz und gar durchdrungen ist. Dann leben wir mitten in der Zeit schon die Ewigkeit. Dann ist das Leben der kommenden Welt jetzt schon zu uns gekommen. Und wir dürfen vertrauen, dass diese neue Qualität des Lebens auch durch den Tod nicht zerstört werden wird.

Auch dieser Glaubenssatz ist daher durchaus eine Lebenshilfe. Er vertröstet uns nicht auf ein Jenseits, um all das Harte hier aushalten zu können. Er zeigt uns vielmehr, dass das Leben hier nur erträglich ist, wenn wir hier schon die Qualität ewigen Lebens erahnen und immer wieder einmal erfahren. Die Hoffnung auf ein ewiges Leben lässt uns ganz im Augenblick leben, lässt uns intensiver leben und angstfreier. Und sie relativiert unsere Erwartungen und Wünsche, die wir hier ans Leben haben. Sie müssen nicht alle erfüllt werden. Es gibt eine Erfüllung jenseits aller konkreten Wunschvorstellungen. Das schenkt uns Gelassenheit und Freiheit. Und diese Gelassenheit ist Zeichen eines gesunden und reifen Menschen.

Amen

Dieses Wort, mit dem die Christen jedes Gebet, jeden Hymnus und auch das Credo beschließen, stammt aus dem Hebräischen. Es bedeutet ursprünglich eine Verstärkung des Gesagten: »Ja, so sei es. Ja, so ist es. Ja, so geschehe es.«

Im Neuen Testament gibt Jesus dem Amen eine neue Bedeutung. Er beginnt oft wichtige Worte mit dem Wort: »Amen, ich sage euch ...« Vor allem das Johannesevangelium liebt dieses Wort. Da wird es sogar oft verdoppelt:

> Amen, Amen, ich sage euch: Ihr werdet den Himmel geöffnet und die Engel Gottes auf- und niedersteigen sehen über dem Menschensohn.
>
> JOHANNES 1,51

Amen heißt im Hebräischen auch: feststehen. Indem wir auf das Credo mit Amen antworten, vergewissern wir uns, dass wir im Glauben feststehen, dass wir in unserem Glauben einen festen Grund in Gott haben.

Der Evangelist Lukas ist als Grieche zurückhaltend mit Fremdworten. Er übersetzt das Amen bei Markus oft mit *alethinos*, das heißt *in Wahrheit*. Aber damit trifft er durchaus die Bedeutung. Wenn wir Amen sagen, so bekennen wir: Ja, das ist wahr. Das ist wirklich so. Das ist die eigentliche Wahrheit. Wahrheit meint dabei im Griechischen nicht die Richtigkeit eines Satzes, sondern nach einer Übersetzung von Martin Heidegger: »die Unverborgenheit des Seins«. Der Schleier, der auf allem liegt, wird weggezogen, und wir blicken durch. Wir schauen auf den Grund. Wenn wir das Credo mit dem Amen beschließen, so bekennen wir: Ja, diese Worte führen uns in die Wahrheit, in das Geheimnis unseres Menschseins, in das Geheimnis Gottes und der Welt. Wir schauen durch diese Worte tiefer. Wir erblicken den Grund allen Seins. Auch wenn wir das nicht mehr genau beschreiben können, was wir sehen, so bekennen wir doch, dass wir das Eigentliche gesehen haben, das was uns wirklich im Herzen berührt.

Viele Komponisten haben das *Amen* oft sehr ausgiebig vertont. Ich denke an das *Amen* am Ende des Messias von Georg Friedrich Händel. Da wird das *Amen* immer wieder angestimmt. Lange Tonreihen auf dem »A-« singt da der Chor, bis er dann von den Trompeten unterstützt mit einem strahlenden und kräftigen Amen schließt.

Mozart hat das Amen geliebt und es in verschiedensten Weisen vertont. Bei der Krönungsmesse lässt er mitten ins Amen nochmals hineinsingen: *Credo in unum Deum – Ich glaube an den einen Gott*. Das war für Mozart offensichtlich die Zusammenfassung des ganzen Credo: zu glauben, dass der eine Gott auch in uns alles miteinander vereint: den Glauben und Unglauben, das Vertrauen und den Zweifel, die Verzweiflung und die Hoffnung.

Joseph Haydn hat in der Paukenmesse das *Amen* immer wieder mit dem Satz verbunden *et vitam venturi saeculi – ich erhoffe das Leben der künftigen Welt – Amen*. Offensichtlich hat er in einer von Kriegen verdunkelten Zeit in diesem Glauben an das Leben der kommenden Welt Hoffnung und Trost geschöpft und darin die Zusammenfassung seines Glaubens gesehen. Er lässt immer wieder das Amen auf diese Worte hin singen. Dabei singt es der Sopran und der Tenor zunächst allein. Der Einzelne soll sich vergewissern, ob er dazu Ja sagen kann. Und nach all den Versuchen der Einzelnen singt es dann zuletzt schließlich der ganze Chor voller Zuversicht. Haydn möchte uns alle einladen, mit ihm einzustimmen in die Bejahung. Es gibt noch eine andere Welt als die, in der wir uns oft gar nicht mehr wohlfühlen.

Wenn ich mir die verschiedenen Vertonungen des *Amen* bei Mozart, Bach, Händel oder Haydn bewusst anhöre, so frage ich mich immer wieder: Was wollten sie damit ausdrücken? Ich glaube, sie haben auf das, was sie vorher an heiligen Texten vertont haben, im *Amen* nochmals geantwortet. Sie wollten im *Amen* zum Ausdruck bringen, dass es lange braucht, bis wir wirklich vorbehaltlos bejahen können, was wir da im Credo bekennen.

Im *Amen* kommen die Zweifel nochmals zur Geltung. Aber durch alle Zweifel hindurch ringen sich die Komponisten dann doch zu einem klaren Bekenntnis durch: Ja, so ist es wirklich. Sie bieten in ihren Kompositionen den Hörern einen Weg an, ihre eigenen jeweiligen Töne zu finden. Da dürfen alle Zweifel und Überlegungen nochmals anklingen, bis das Credo doch einstimmt in die eindeutige Zustimmung. Mozart, Bach und Händel sind überzeugt: Das Credo leistet uns einen unverzichtbaren Dienst, um uns als Christen auf das zu verständigen, was uns trägt.

So wie der Chor das *Amen* singt, so sollen alle Christen einstimmen in die Zustimmung zu all den Sätzen und Melodien, die sie vorher gehört oder selbst gesungen haben. Dabei ist mir die spielerische Weise der Musiker wichtig. Ich kann das Credo den Gläubigen nicht eintrichtern: Du musst das so und so glauben. Wir sprechen die Worte des Credo, wir singen sie und im Sprechen und

Singen stimmen wir uns ein in die Grundmelodie unseres Glaubens. Da erscheint uns manches schwierig zu singen oder auch anzuhören. Doch durch den Gesang hindurch entsteht dann doch eine Ahnung von einer Melodie, die uns über diese Welt hinausführt, die uns einführt in das Geheimnis Gottes und des Menschen. Die Musik legt auf ähnliche Weise, wie ich es jetzt versucht habe, das Credo aus: nicht mit theologischen Argumentationen, sondern indem sie die Worte zum Klingen bringt, sodass in unserem Herzen die Zweifel und der Glauben zusammenklingen und irgendwann zum Einklang des Amen finden: Ja, so ist es. Durch alles Probieren hindurch versuche ich zu glauben, Ja zu sagen zu dem Unbegreiflichen, dass Gott Mensch geworden ist und dass ich als Mensch mit Gott eins werden darf.

Schluss

Wir sind das Glaubensbekenntnis durchgegangen und haben uns gefragt, was diese alten Worte uns heute sagen möchten. Das Credo ist nicht in einer Sprache verfasst, die uns unmittelbar anspricht. Aber wenn wir die Bildhaftigkeit der Sprache wahrnehmen, entdecken wir, dass diese Bilder uns nicht nur ein Fenster öffnen, durch das wir auf das Geheimnis Gottes schauen dürfen. Sie zeigen uns auch einen Weg, wie wir uns selbst mit neuen Augen anschauen können. Und wir erkennen in diesen Bildern einen Weg unserer eigenen Selbstwerdung. Es sind die zentralen Bilder von Abstieg und Aufstieg, von Vater und Sohn und Heiligem Geist. Es sind die Bilder von Geburt und Tod, von Geist und Fleisch, von Himmel und Erde, von Auferstehung und Vollendung, von Zeit und Ewigkeit. All diese Bilder münden in das Bild des *Einen – Unum*, in das Bild des Einsseins mit uns selbst, mit Gott und mit allen Menschen.

Viermal taucht das Wort *unum* im Credo auf. Die Zahl Vier steht für die vier Elemente. Alles Irdische soll in Gott hineingenommen werden. Dann wird das Irdische nicht mehr in sich zerfallen, dann wird die Welt nicht mehr gegeneinander kämpfen, sondern es wird die Hoffnung auf Einheit aller Menschen gestärkt.

In diesem viermaligen *unum* wird das Geheimnis unseres Glaubens zusammengefasst: alles Irdische, die Materie, die Pflanzen, die Tiere, der Mensch, alles, was den Kosmos ausmacht, wird durch die Menschwerdung Gottes in Jesus Christus in Gott hineingenommen und mit Gott vereint. Und darin besingen wir die Hoffnung, dass auch die Menschen, die in den vier Himmelsrichtungen zerstreut sind, miteinander eins werden in Gott.

Mein Wunsch an Sie, liebe Leser und Leserinnen ist, dass Sie die Bilder des Credo auf das eigene Leben beziehen. Dann werden Sie immer wieder neue Aspekte Ihres eigenen Menschseins entdecken. Und ich möchte Sie einladen, sich einmal bewusst ein von Mozart, Bach oder Haydn komponiertes Credo anzuhören. Beim Hören können Sie sich fragen: Warum vertont Mozart oder Haydn diese Stelle so? Welcher Glaube steckt dahinter? Wie versteht der Komponist diese Stelle?

Die Musik legt das Credo ähnlich wie ein Bild aus, auf spielerische Weise. Und jedes Mal beim Hören der Musik höre ich sie anders. Die Musik bringt immer wieder neu etwas in mir zum Klingen, je nachdem in welcher inneren und äußeren Situation ich mich befinde. Die Musik, verbunden mit den Worten und Bildern des Credo, bringt viele Saiten in mir zum Klingen, die sonst in mir stumm bleiben würden. Ich kann da gar nicht alles erklären, was in mir anklingt. Aber ich spüre: Da bekommt der Glaube in mir eine Melodie. Es gibt eine Grundmelodie in meinem Herzen, die offen ist für den Glauben. In meinem Herzen erklingt eine Musik, die mich für das Geheimnis öffnet, für das Geheimnis Gottes, wie für mein eigenes Geheimnis und für das Geheimnis des Menschen überhaupt.

Die Musik legt nicht fest, wie auch Bilder nicht festlegen. Sie öffnen meine Seele für tiefere Schichten. Und in diesen tiefen Schichten meiner Seele weiß ich: Ich bin getragen von einem tiefen Vertrauen und einer festen Hoffnung, dass mein Leben gelingt, dass ich berührt bin von Gott, dass Gott selbst in Jesus Christus in meine Wirklichkeit hinabgestiegen ist und dass Gott mich im Heiligen Geist durchdringt und mit seiner heilenden Liebe verwandelt.

Im Credo geht mir eine andere Welt auf mitten in dieser oft so verschlossenen Welt. Ich kann diese andere Welt nicht beschreiben. Aber ich spüre, dass sie mir guttut. Es ist die Welt des Heiligen, ich der ich heil werde. Es ist die Welt des Geheimnisses, in der ich Heimat finde. Und es ist die Welt des unbegreiflichen Gottes, der ich mich nur in Ehrfurcht nahen kann. Aber diese Ehrfurcht vor dem Unbegreiflichen bringt mich unruhigen Menschen, dessen Gedanken hierhin und dorthin streben, zur Ruhe. Sie bindet meinen unruhigen Geist, damit er aufhört, über alles nachzudenken, und zu seiner eigentlichen Berufung gelangt: zur Kontemplation.

Das war für die Griechen, denen wir das Credo zu verdanken haben, Ausdruck für die höchste Würde des menschlichen Geistes: dass er im Schauen des Unsichtbaren und im Verstehen des Unverstehbaren zur Kontemplation gelangt. Kontemplation heißt: durchschauen, auf den Grund schauen. Auf einmal ist alles klar, obwohl im Kopf vieles noch unklar bleibt.

Für mich ist das eine wichtige Erfahrung, wenn ich das Credo singe. Wenn das Amen verklungen ist, kann ich nicht immer genau sagen, was mir jetzt neu aufgegangen ist. Aber ich spüre in mir eine tiefe innere Ruhe. Ich habe etwas Heiliges berührt. Und das hat mich mit dem Heiligen in mir in Berührung gebracht. Und es tut mir gut, in diesem heiligen Raum in mir zu verweilen, ohne nachzudenken. In dem heiligen Raum erfahre ich das Geheimnis des Heiligen, ohne darüber reflektieren zu müssen. Und danach sehne ich mich letztlich, wenn ich das Credo singe: dass ich in einen Zustand gerate, in dem ich nicht mehr über die Worte nachdenke, sondern in dem die Worte mich hineingeführt haben in den inneren Raum des Schweigens. Dort bin ich einfach nur. Aber ich bin anders als vor dem Singen. Ich bin verwandelt. Ich bin getragen, berührt, offen für das unaussprechliche Geheimnis. Das ist für mich eine wunderbare Erfahrung, die ich nur manchmal machen darf. Aber frei zu sein von dem Druck, mich und meinen Glauben zu rechtfertigen, frei zu sein, einfach nur da zu sein, ohne etwas vorweisen, ohne mich vor anderen erklären zu müssen, darin besteht für mich die Kontemplation, zu der mich das Beten und Singen des Credo führen möchte. Es ist ein Schauen, in dem wir das Unsichtbare erahnen, und in den Bildern das erkennen, was jenseits aller Bilder ist.

Literatur

Eugen Drewermann, Eugen Biser
Welches Credo?
Herausgegeben von Michael Albus, Freiburg 1993.

Karl Frielingsdorf
Vom Überleben zum Leben
Mainz 1989

Manfred Görg
Mythos, Glaube und Geschichte –
Die Bilder des christlichen Credo und ihre Wurzeln im alten Ägypten
Düsseldorf 1992

Albert Görres
Der Leib und das Heil
Mainz 1967

Kleines Credo für Verunsicherte
Herausgegeben von Jürgen Hoeren und Norbert Kutschki,
Freiburg 1993

Walter Kasper
Wes Geistes Kind sind wir? »Ich glaube an den Heiligen Geist«
In: Kleines Credo für Verunsicherte, herausgegeben von Jürgen Hoeren und Norbert Kutschki, Freiburg 1993; 69–86

Karl-Josef Kuschel
Jesus in der deutschsprachigen Gegenwartsliteratur
Zürich 1978

Karl Rahner
Der Leib in der Heilsordnung
In: Der Leib und das Heil, Mainz 1967

Joseph Ratzinger
Einführung in das Christentum –
Vorlesungen über das Apostolische Glaubensbekenntnis
München 1968

Joseph Ratzinger
Damit Gott alles in allem sei und alles Leid ein Ende habe – »... die Auferstehung der Toten und das Leben der kommenden Welt«
In: Kleines Credo für Verunsicherte, herausgegeben von Jürgen Hoeren und Norbert Kutschki, Freiburg 1993; 121–140

John A. Sanford
Das Johannesevangelium. Eine tiefenpsychologische Auslegung
Teil 1: München 1997, Teil 2: München 1998

Heinz Schürmann
Jesu Tod – unser Leben. Ein Versuch, zu verstehen
Freiburg 1980

Reinhart Staats
Das Glaubensbekenntnis von Nizäa-Konstantinopel – Historische und theologische Grundlagen
Darmstadt 1996

David Steindl-Rast
Credo. Ein Glaube, der alle verbindet
Freiburg 2010.

Glossar

In diesem kleinen Glossar möchte ich einige Begriffe erklären, die im Credo und seiner Auslegung vorkommen. Es ist nur ein Versuch, theologische Begriffe für uns heute verständlich werden zu lassen.

Arianer

Der Arianismus geht auf Arius (260–336) zurück, der Presbyter in Alexandrien war. Er wurde von seinem Ortsbischof seines Amtes enthoben, weil er die Gottheit Jesu leugnete. Jesus sei ein Geschöpf und nicht Gott. Das Konzil von Nicäa im Jahre 325 verurteilte seine Lehre. Dennoch hatte Arius viele Anhänger. Und es gab ständig Streitigkeiten zwischen den Arianern und den Anhängern des Konzils von Nicäa. Die Auseinandersetzung mit Arius führte die damaligen Theologen zu einer Klärung, wie sie die Beziehung zwischen Gott und Jesus verstehen sollten. Insofern hat Arius das Verdienst, das Verständnis Jesu als Gottes Sohn vertieft zu haben.

Auferstehung

Die Auferstehung Jesu ist die zentrale Wahrheit des Christentums. Wie die Auferstehung geschehen ist, darüber können wir nichts sagen. Wir können nur sagen, dass die Jünger Jesus nach seinem Tod als dem Auferstandenen begegnet sind. Aber die Auferstehung ist keine Rückkehr in das alte Leben. Vielmehr zeigt es, dass Jesus nicht in der Macht des Todes ist, sondern nun bei Gott ist und von Gott her den Menschen begegnet. Die Auferstehungsgeschichten lassen immer die Spannung zwischen: erkennen und nicht erkennen. Die Jünger sehen den Auferstandenen, sprechen mit ihm, aber dann ist er wieder unsichtbar. Und Auferstehung ist unsere Hoffnung: dass wir im Tod in Gott hinein sterben und in ihm leben werden. Auferstehung ist die Hoffnung, dass wir nicht aus der Liebe Gottes fallen können, sondern im Tod ewig in ihr aufgehoben sind. Auferstehung mit Leib und Seele meint, dass wir als Person in Gott hinein vollendet und mit Gott und miteinander eins werden.

Apostel

Apostel werden die zwölf Jünger genannt, die Jesus für den engeren Kreis um sich ausgewählt hat: Simon Petrus, Andreas, Jakobus (Sohn des Zebedäus), Johannes, Philippus, Bartholomäus, Thomas, Matthäus, Jakobus (Sohn des Alphäus), Thaddäus, Simon Kananäus und Judas Iskariot.

Die Zahl der zwölf Apostel steht auch für die zwölf Stämme Israel. Jesus wollte damit zeigen, dass um ihn herum ein neues Israel entsteht, an dem die Verheißungen des alten Israel in Erfüllung gehen. Die Apostel sind Boten, von Jesus in die Welt gesandt als Zeugen für seine Auferstehung und seine Botschaft. Unser Glaube gründet auf dem Glauben der Apostel. Wir begegnen Jesus durch den Glauben der Apostel. Und wir müssen vertrauen, dass sie uns das Bild von Jesus vermitteln, das seinem innersten Wesen entspricht.

Erlösung

In allen Religionen wird die Sehnsucht nach Erlösung thematisiert. In der frühen Kirche wurde Erlösung vor allem als Erlösung aus der Sinnlosigkeit und aus der Hinfälligkeit des Lebens verstanden. Im Westen wurde Erlösung vor allem als Erlösung von der Schuld gesehen. Erlösung meint: Befreiung des Menschen von den Fesseln der Sünde, aber auch von den Fesseln psychischer Zwänge.

Und Erlösung meint Heilung unserer Wunden. Jesu ganzes Wirken war erlösend und heilend: Seine Predigt hat die Menschen von krankmachenden Gottesbildern befreit. Jesus hat Kranke geheilt und wieder aufgerichtet. Und er hat durch seine Gleichnisse unsere Bilder von Gott und von uns selbst in heilsame Bilder verwandelt. In der christlichen Tradition haben wir Erlösung vor allem als Erlösung durch das Kreuz verstanden. Im Kreuz kommt alles verwandelnde, heilende, vergebende und erlösende Wirken Jesu zur Vollendung. Da wird es gleichsam zusammengefasst, vollendet, also vollständig gemacht.

Ewiges Leben

Im Johannesevangelium ist ewiges Leben eine eigene Qualität des Lebens. Es meint nicht in erster Linie das Leben nach dem Tod. Jesus schenkt uns vielmehr hier schon ewiges Leben. Es ist ein Leben, bei dem Zeit und Ewigkeit miteinander eins werden. Wenn ich ganz in Gott bin, dann erfahre ich jetzt schon ewiges Leben, ein Leben, das jenseits der Zeit ist. Und ein Leben, das auch durch den Tod nicht zerstört werden kann. Wer an Jesus glaubt, hat jetzt schon ewiges Leben, er ist jetzt schon vom Tod zum Leben übergegangen (vgl. Johannes 3,15f und Johannes 5,24).

Gericht

Für uns ist Gericht ein juristischer Begriff. Da geht es um Verurteilung oder Freisprechung. Wenn Jesus als Richter beschrieben wird, geht es um Ausrichten, Richtigmachen. Keiner kommt zu Gott so, wie er in seiner Entfremdung und Schuld ist. Er muss sich ausrichten lassen auf Gott hin. Das ist oft ein schmerzlicher Prozess. Denn wir haben uns oft eingerichtet in unserer falschen Lebensweise.

Wer sich eingerichtet hat, muss sich ausrichten lassen, er muss sich verwandeln lassen, damit Gott alles in ihm durchdringen und so richtig machen kann. So ist Gericht letztlich ein Wort der Hoffnung, dass jeder Mensch, auch wenn er als Sünder stirbt, von Gott auf sich hin ausgerichtet werden kann, sofern der Mensch sich auf das Gericht einlässt. Wer sich dem Gericht verweigert, der schließt sich selbst von Gott aus.

Heiliger Geist

Der Heilige Geist geht von Gott aus und er ist Gott. Er ist also nicht nur eine Gabe Gottes, sondern im Heiligen Geist wohnt Gott selbst in uns. Der Heilige Geist wird in der Heiligen Schrift mit verschiedenen Bildern beschrieben:

Er ist die Quelle, aus der wir schöpfen. Er ist die Glut, die in uns glüht und uns mit Liebe erfüllt. Er ist der Sturm, der uns antreibt, diese Welt zu gestalten. Er ist die neue Sprache, die uns miteinander verbindet und in der wir das Geheimnis Gottes und des Menschen zur Sprache bringen können (Apostelgeschichte 2,1–13).

Der Heilige Geist ist der Beistand, der uns beisteht, unser Leben zu bewältigen. Und der Heilige Geist führt uns in die Wahrheit ein (Johannes 16,13). Er lässt uns verstehen, wer wir sind. Und er öffnet unseren Geist für das Geheimnis Gottes und das Geheimnis des Menschseins.

Himmelfahrt

Der Begriff Himmelfahrt wurde erst in der Kirche geprägt. Lukas erzählt uns nur, dass Jesus in den Himmel emporgehoben wurde. Er wurde den Blicken der Jünger entrückt. Das Bild der Himmelfahrt vollendet das Geheimnis der Auferstehung. Jesus ist von den Toten auferstanden und sitzt jetzt zur Rechten Gottes, in der Herrlichkeit des Himmels.

Jesus

Jesus ist ganz und gar Mensch, ein jüdischer Rabbi, der von 7 vor Christus bis 30 nach Christus gelebt hat. Er hat die Botschaft vom Reich Gottes verkündet, das uns nahe ist. Die Nähe des Reiches Gottes wurde erfahrbar in den Heilungen, die durch ihn geschahen. Er wurde vermutlich von den Sadduzäern, den jüdischen Priesterkreisen, die mit den Römern gemeinsame Sache machten, an die Römer ausgeliefert und dann von den Römern durch Kreuzigung hingerichtet.

Doch seine Jünger haben ihn nach seinem Tod als lebendig erlebt. Er ist ihnen als der Auferstandene erschienen. Die Evangelisten und Paulus haben ihn nach seiner Auferstehung verstanden als den Menschen, der ganz und gar von Gott kam und mit dem Gott war. Und immer klarer wurde ihnen, dass in ihm Gott selbst sich geoffenbart hat, dass er Gottes Sohn war.

Die Menschen der ersten Jahrhunderte nach Jesus haben darum gerungen, die Beziehung des Menschen Jesus zu Gott zu erklären.

Und bis heute ringen wir darum, zu verstehen, was das heißt: Jesus war Gottes Sohn. Karl Rahner übersetzt das so: Jesus war die absolute Selbstmitteilung Gottes. In ihm hat Gott sich in nicht zu überbietender Weise den Menschen mitgeteilt und geoffenbart.

Jungfrau

Das griechische Wort *parthenos* meint eine junge Frau, die noch nicht verheiratet ist und noch keinen Geschlechtsverkehr hatte. In der frühen Kirche gab es einen eigenen Stand der Jungfrauen, die bewusst nicht geheiratet haben, um ganz für Jesus zu leben.

Jungfrauengeburt

Das Bild der Jungfrauengeburt erscheint sowohl bei Griechen wie bei den Ägyptern. Von großen Helden erzählt man, dass sie aus einer Jungfrau geboren wurden. Man hatte immer den Eindruck, dass Gott mit diesen Menschen etwas Besonderes vorhatte.

Die Evangelisten Lukas und Matthäus erzählen, dass auch Jesus von Maria, einer Jungfrau, geboren wurde. Es ist ein Bild für das Geheimnis, dass Gott in Jesus einen neuen Anfang setzt. Das Bild darf nicht auf die biologische Ebene heruntergezogen werden. Jesus erfüllt die Sehnsucht, die andere Religionen mit ihren großen Gestalten im Bild der Jungfrauengeburt zum Ausdruck gebracht haben. Jesus ist von Geburt an ganz und gar von Gott durchdrungen und geformt.

Kirche

Das deutsche Wort *Kirche* kommt von *kyriakos*, das heißt *dem Herrn gehörig*. Es meint einmal den Bau, der dem Herrn gehört, aber auch die Gemeinde, die dem Herrn gehört. Das griechische Wort für Kirche *ekklesia* meint die vom Herrn erwählte Gemeinde, die dazu bestimmt ist, die Großtaten Gottes zu verkünden.

Die Kirche ist die Glaubensgemeinschaft. Die Kirchenväter des vierten Jahrhunderts sahen die Kirche als Braut Christi und als jungfräuliche Mutter, die aus dem Taufbrunnen immer wieder neue Kinder gebiert. Heute denken wir bei Kirche oft an die Institution der Kirche, an die sogenannte Amtskirche. Die Kirche versteht sich heute – nach einem Wort des Zweiten Vatikanischen Konzils – als das pilgernde Gottesvolk, das gemeinsam mit allen Menschen auf dem Weg zu Gott ist und das solidarisch mit allen Menschen ist.

Konzil

Konzil meint vom lateinischen Wort *concilium* die Versammlung. In der Kirche ist Konzil die Versammlung aller Bischöfe. Es gab in der Kirchengeschichte immer wieder Konzile, die Streitigkeiten unter den Theologen schlichten und allgemeine Regeln für die Kirche aufstellen sollte. In der frühen Kirche waren vor allem die Konzile von Nicäa (325), von Konstantinopel (381) und von Chalkedon (451) entscheidend, um das richtige Verständnis des dreifaltigen Gottes und der Person Jesu Christi in der Einheit von Gott und Mensch zu erarbeiten und für die ganze Kirche als verbindlich festzulegen.

Kreuzestod

Jesus ist am Kreuz gestorben. Den Tod am Kreuz verhängten die Römer gegenüber Rebellen. Nach außen hin war der Tod Jesu am Kreuz ein Scheitern. Aber nach der Auferstehung erkannten die Jünger, dass es kein Scheitern war, sondern Ausdruck einer Liebe, die stärker ist als der Tod.

Die Evangelisten, Paulus und die anderen Autoren der neutestamentlichen Briefe haben diesen Tod Jesu am Kreuz auf verschiedene Weise gedeutet. Für Johannes ist er die Vollendung der Liebe. Am Kreuz umarmt Jesus alles Gegensätzliche und alles Verwundete in uns. Für Lukas zeigt uns Jesus am Kreuz das Geheimnis der vergebenden Liebe Gottes.

Wenn Jesus seinen Mördern vergibt, dann dürfen wir vertrauen, dass es nichts in uns gibt, was Gott nicht vergeben wird. Das Kreuz bewirkt nicht die Vergebung. Gott vergibt, weil er Gott ist, und nicht, weil sein Sohn am Kreuz gestorben ist. Aber das Kreuz vermittelt uns, die wir oft nicht an die Vergebung glauben können, die vergebende Liebe Gottes. Das Kreuz ermöglicht uns den Glauben an die Vergebung gegenüber all den Widerständen und Zweifeln an der Vergebung, die in unserem Unbewussten liegen.

Nicäa

Kaiser Konstantin berief das Konzil von Nicäa im Jahr 325 zusammen. Alle Bischöfe sollten zusammenkommen, um die Streitigkeiten, die sich um den Presbyter Arius ergaben, zu schlichten. Das Ergebnis von Nicäa war das Glaubensbekenntnis von Nicäa, das dann im Konzil von Konstantinopel ergänzt und in der heutigen Fassung verabschiedet worden ist.

Sünde

Sünde (im Griechischen: *hamartia*) heißt: das Ziel verfehlen, an meinem Wesen als Mensch vorbeileben, nicht so leben, wie es meinem Wesen als Mensch entspricht. Das deutsche Wort Sünde kommt von »sondern«. In der Sünde sondere ich mich aus der menschlichen Gemeinschaft aus.

Oft wird Sünde als Übertretung der Gebote verstanden. Aber das ist nur ein äußerlicher Begriff von Sünde. In den Evangelien gibt es verschiedene Bilder von Sünde. Bei Johannes besteht die Sünde darin, sich zu weigern, in Jesus Gott zu sehen und sich von Jesus ansprechen zu lassen. Paulus spricht von der Macht der Sünde, die uns dorthin zieht, wohin wir eigentlich gar nicht wollen.

Die ganze Heilige Schrift spricht davon, dass die Sünde uns befleckt, beschmutzt, niederdrückt und dass sie uns von unserem wahren Selbst entfremdet.

Taufe

Taufe ist ein Reinigungsritual, das viele Religionen kennen. Johannes der Täufer hat getauft. Er verstand die Taufe als Reinwaschen von Schuld und als Ausdruck der Bereitschaft, umzukehren. Die Jünger Jesu haben die, die zum Glauben kamen, auf den Namen Jesu und später auf den Namen des dreifaltigen Gottes getauft.

Die Taufe mit Wasser bedeutet, dass wir reingewaschen werden von allen Bildern, die das einmalige Bild Gottes in uns trüben, von allen Projektionen, die andere auf uns werfen. Und wir werden mit Heiligem Geist erfüllt und hineingenommen in die Gemeinschaft der Kirche.

Taufe war für die frühen Christen eine tiefe existenzielle Erfahrung einer neuen Geburt. Wer getauft ist, legt den alten Menschen ab. Er stirbt mit Christus der Welt mit ihren Gesetzen, um als neuer Mensch zu leben. Die frühe Kirche hat die Taufe als *photismos*, als *Erleuchtung* gesehen. Wer aus dem Taufbecken stieg, der fühlte sich gereinigt und von Gottes Licht erleuchtet.

Vergebung

Jesus hat den Menschen ihre Sünden vergeben und die Vergebung Gottes gepredigt. Vergebung heißt, dass Gott mir meine Schuld nicht anrechnet, sondern mich von ihr befreit.

Paul Tillich versteht Vergebung als »Annahme des Unannehmbaren«. Wer schuldig wird, kann sich selbst nicht annehmen. Er braucht die Erfahrung, dass Gott ihn annimmt. Das ermöglicht ihm dann auch, sich selbst zu vergeben und sich selber anzunehmen. Aber die Erfahrung der Vergebung muss auch dazu führen, dass wir einander vergeben. Menschliche Gemeinschaft ist nur möglich, wenn wir einander vergeben, anstatt die Schuld gegenseitig aufzurechnen.

Vergebung heißt nicht, dass ich das Fehlverhalten des andern entschuldige. Ich gebe es weg, ich lasse es bei ihm. Wenn ich nicht vergeben kann, hat der andere noch Macht über mich. Vergebung ist Befreiung von der Macht dessen, der mich verletzt hat. Und Vergebung ist die Reinigung von der negativen Energie, die durch die Verletzung noch in uns ist. Die Vergebung muss mir von Gott zugesprochen werden, damit ich an sie glauben kann und dadurch fähig werde, mir selbst und andern zu vergeben.

Gute Gedanken für jeden Tag

Anselm Grün

Ein Jahr voller Glück
Gute Gedanken für jeden Tag

394 Seiten, gebunden mit Lesebändchen
ISBN 978-3-89680-902-5, 14,90 € (D)

Achtsam sein und Gelassenheit finden, zur Ruhe kommen und das Leben genießen, die Schönheit unserer Welt erleben und Sinnlichkeit entdecken – Anselm Grün schenkt uns inspirierende Gedanken für jeden Tag im Jahr, die berühren und das eigene Leben bereichern.

Anselm Grün lädt dazu ein, einen Gedanken mit in den Tag zu nehmen, der uns trägt und begleitet. Der Abendimpuls beschließt den Tag voller Geborgenheit. Seine Gedanken schenken Orientierung und verwandeln den Alltag. Sie schenken uns Zuspruch, der auf Durststrecken zur Quelle neuer Kraft wird.

www.vier-tuerme-verlag.de